邪馬台国の女王

卑弥呼（ひみこ）

十七条の憲法を制定

聖徳太子（しょうとくたいし）

東大寺・大仏を建立

聖武天皇（しょうむてんのう）

平安 時代

金剛峯寺を建て、真言宗を伝える

空海（くうかい）

長編小説『源氏物語』を書く

紫式部（むらさきしきぶ）

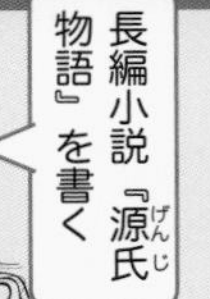

随筆『枕草子』を書く

清少納言（せいしょうなごん）

武士で初めての太政大臣

平清盛（たいらのきよもり）

鎌倉 時代

源頼朝（みなもとのよりとも）

南北朝 時代

建武の新政を開始

後醍醐天皇（ごだいごてんのう）

室町 時代

征夷大将軍となり幕府を開く

足利尊氏（あしかがたかうじ）

南北朝を統一、勘合貿易を開始

足利義満（あしかがよしみつ）

銀閣を建立

足利義政（あしかがよしまさ）

戦国

フランシ

江戸 時代

江戸に幕府を開く

徳川家康（とくがわいえやす）

参勤交代を制定、鎖国を完成

徳川家光（とくがわいえみつ）

享保の改革を実施

徳川吉宗（とくがわよしむね）

寛政の改革を実施

松平定信（まつだいらさだのぶ）

明治 時代

五箇条の御誓文を出す

明治天皇（めいじてんのう）

民撰議院設立の建白書を左院に提出

板垣退助（いたがきたいすけ）

西南戦争をおこす

西郷隆盛（さいごうたかもり）

初代内閣総理大臣

伊藤博文（いとうひろぶみ）

陸（む

※掲載されている肖像画の中には，近年，本人であるかどうか疑問視する説が唱えられているものがあります。

平安(へいあん)時代

平安京へ遷都(せんと)

桓武天皇(かんむてんのう)

遣唐使(けんとうし)の停止を進言

菅原道真(すがわらのみちざね)

摂関(せっかん)政治全盛期、藤原氏の栄華をきわめる

藤原道長(ふじわらのみちなが)

延暦寺(えんりゃくじ)を建て、天台宗(てんだいしゅう)を伝える

最澄(さいちょう)

鎌倉幕府を開く

元(げん)の二度にわたる襲来を退ける

北条時宗(ほうじょうときむね)

浄土宗(じょうどしゅう)を開く

法然(ほうねん)

浄土真宗(じょうどしんしゅう)を開く

親鸞(しんらん)

時宗(じしゅう)を開く

一遍(いっぺん)

時代

安土桃山(あづちももやま)時代

キリスト教を日本に伝える

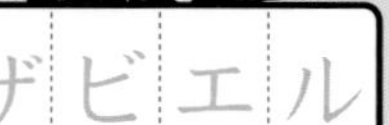

スコ・ザビエル

楽市(らくいち)・楽座(らくざ)を実施

織田信長(おだのぶなが)

太閤検地(たいこうけんち)、刀狩(かたながり)を実施

豊臣秀吉(とよとみひでよし)

わび茶の作法(さほう)を完成

千利休(せんのりきゅう)

天保の改革を実施

水野忠邦(みずのただくに)

江戸幕府に開国をせまる

ペリー

日米修好通商条約(にちべいしゅうこうつうしょうじょうやく)を結ぶ

井伊直弼(いいなおすけ)

大政奉還(たいせいほうかん)を行う

徳川慶喜(とくがわよしのぶ)

領事裁判権の撤廃

奥宗光(つむねみつ)

大正(たいしょう)時代

本格的政党内閣を成立させる

原敬(はらたかし)

昭和(しょうわ)時代

ニューディール政策を行う

ルーズベルト

連合国軍最高司令官

マッカーサー

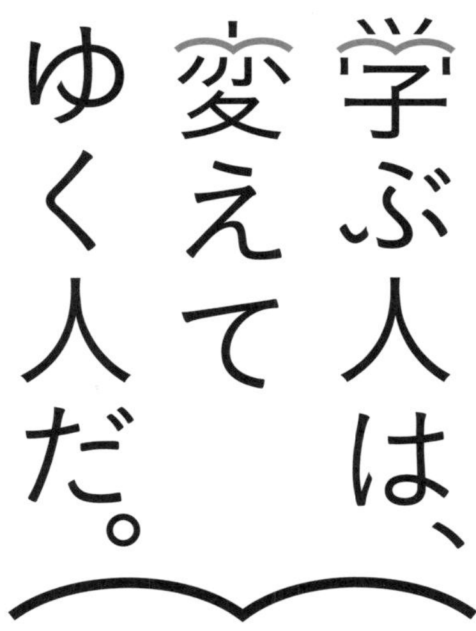

目の前にある問題はもちろん、

人生の問いや、

社会の課題を自ら見つけ、

挑み続けるために、人は学ぶ。

「学び」で、

少しずつ世界は変えてゆける。

いつでも、どこでも、誰でも、

学ぶことができる世の中へ。

旺文社

とってもやさしい

中学歴史

これさえあれば

授業がわかる

改訂版

旺文社

はじめに

この問題集は，社会が苦手な人にとって「やさしく」社会の勉強ができるように作られています。

中学校の社会を勉強していく中で，社会科用語が覚えられない，グラフや地図などたくさんの資料が出てきて難しい，と感じている人がいるかもしれません。そういう人たちが基礎から勉強をしてみようと思ったときに手助けとなる問題集です。

『とってもやさしい中学歴史　これさえあれば授業がわかる　改訂版』では，本当に重要な用語やことがらにしぼり，それらをていねいにわかりやすく解説しています。また，1単元が2ページで，コンパクトで学習しやすいつくりになっています。

左のまとめのページでは，イラストや地図，写真を豊富に用いて，必ずおさえておきたい重要なことがらだけにしぼって，やさしく解説しています。

右の練習問題のページでは，学習したことが身についたかどうか，確認できる問題が掲載されています。わからないときはまとめのページを見ながら問題が解ける構成になっていますので，自分のペースで学習を進めることができます。

この本を1冊終えたときに，みなさんが歴史のことを1つでも多く「わかる！」と感じるようになり,「もっと知りたい！」と思ってもらえたらとてもうれしいです。みなさんのお役に立てることを願っています。

株式会社　旺文社

本書の特長と使い方

1単元は2ページ構成です。左のページで学習内容を理解したら、右のページの練習問題に取り組みましょう。

◆左ページ

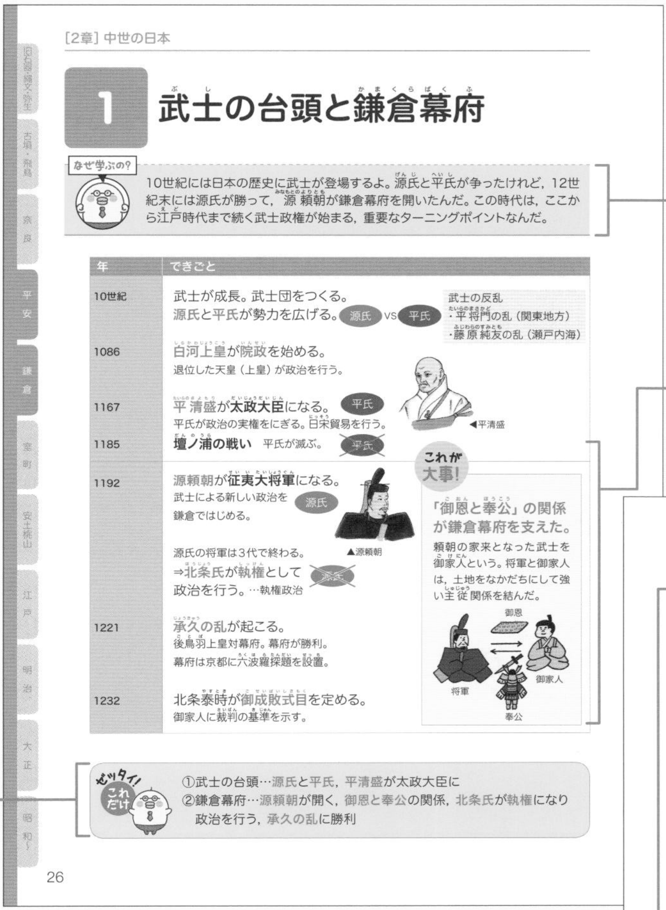

［2章］中世の日本

1 武士の台頭と鎌倉幕府

なぜ学ぶの？

10世紀には日本の歴史に武士が登場するよ。源氏と平氏が争ったけれど，12世紀末には源氏が勝って，源頼朝が鎌倉幕府を開いたんだ。この時代は，ここから江戸時代まで続く武士政権が始まる，重要なターニングポイントなんだ。

年	できごと
10世紀	武士が成長。武士団をつくる。 源氏と平氏が勢力を広げる。源氏 vs 平氏 武士の反乱 ・平将門の乱（関東地方） ・藤原純友の乱（瀬戸内海）
1086	白河上皇が院政を始める。 退位した天皇（上皇）が政治を行う。
1167	平清盛が太政大臣になる。平氏 平氏が政治の実権をにぎる。日宋貿易を行う。 ◀平清盛
1185	壇ノ浦の戦い　平氏が滅ぶ。
1192	源頼朝が征夷大将軍になる。 武士による新しい政治を鎌倉ではじめる。源氏 ▲源頼朝 源氏の将軍は3代で終わる。 ⇒北条氏が執権として政治を行う。…執権政治
1221	承久の乱が起こる。 後鳥羽上皇対幕府。幕府が勝利。 幕府は京都に六波羅探題を設置。
1232	北条泰時が御成敗式目を定める。 御家人に裁判の基準を示す。

これが大事！

「御恩と奉公」の関係が鎌倉幕府を支えた。

頼朝の家来となった武士を御家人という。将軍と御家人は，土地をなかだちにして強い主従関係を結んだ。

御恩　将軍　御家人　奉公

ゼッタイ！これだけ

①武士の台頭…源氏と平氏，平清盛が太政大臣に

②鎌倉幕府…源頼朝が開く，御恩と奉公の関係，北条氏が執権になり政治を行う，承久の乱に勝利

26

なぜ学ぶの？　学ぶとどんなふうに役立つのか、どんなことができるようになるのかを具体的に説明しています。

これが大事！　大事なポイントが見出しを読むだけでもわかるようになっています。本当に大事なポイントにしぼって説明しています。

ゼッタイ！これだけ　最低限覚えておくことを示しています。

◆右ページ

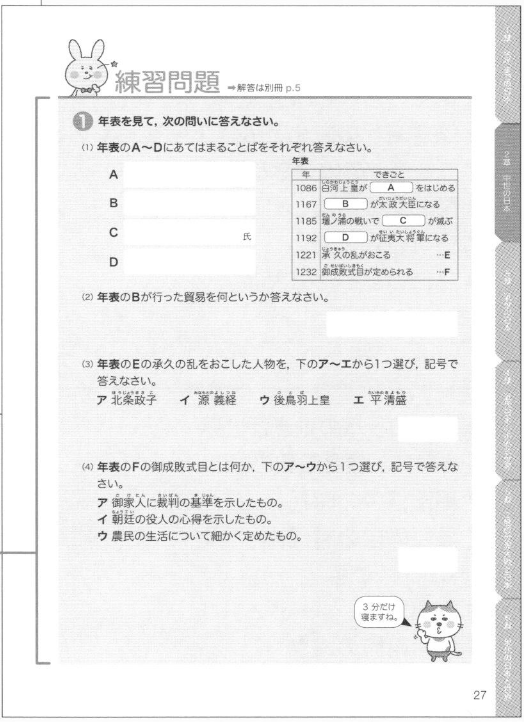

練習問題 ⇒解答は別冊 p.5

1 年表を見て，次の問いに答えなさい。

(1) 年表のA～Dにあてはまることばをそれぞれ答えなさい。

A　B　C　氏　D

年表

年	できごと
1086	白河上皇が［A］をはじめる
1167	［B］が太政大臣になる
1185	壇ノ浦の戦いで［C］が滅ぶ
1192	［D］が征夷大将軍になる
1221	承久の乱がおこる　…E
1232	御成敗式目が定められる　…F

(2) 年表のBが行った貿易を何というか答えなさい。

(3) 年表のEの承久の乱をおこした人物を，下のア～エから1つ選び，記号で答えなさい。

ア 北条政子　イ 源義経　ウ 後鳥羽上皇　エ 平清盛

(4) 年表のFの御成敗式目とは何か，下のア～ウから1つ選び，記号で答えなさい。

ア 御家人に裁判の基準を示したもの。
イ 朝廷の役人の心得を示したもの。
ウ 農民の生活について細かく定めたもの。

3分だけ寝ますね。

27

左のページの解説を読めば解ける問題で理解できたかどうかを確認します。

◆おさらい問題

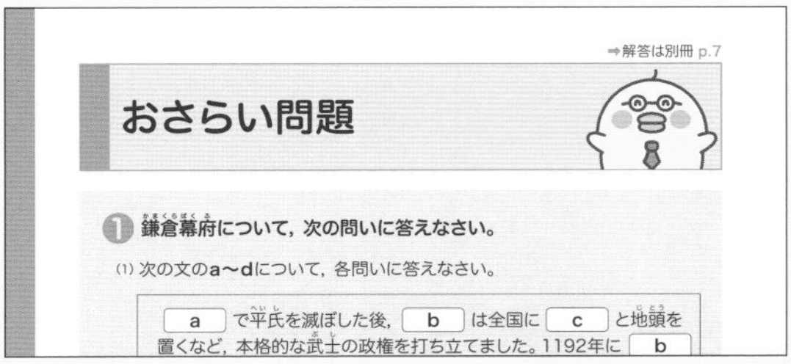

⇒解答は別冊 p.7

おさらい問題

1 鎌倉幕府について，次の問いに答えなさい。

(1) 次の文のa～dについて，各問いに答えなさい。

［a］で平氏を滅ぼした後，［b］は全国に［c］と地頭を置くなど，本格的な武士の政権を打ち立てました。1192年に［b］

複数の単元のおさらいです。問題を解くことで，章全体の学習内容が身についているかどうかしっかり確認できます。

社会情勢の変化により，掲載内容に違いが生じる事柄があります。
弊社ホームページ『知っておきたい時事ニュース』をご確認ください。
https://www.obunsha.co.jp/pdf/support/jiji_news.pdf

もくじ

4章　近代日本の歩みと世界

5章　二度の世界大戦と日本

6章　現代の日本と世界

スタッフ
編集協力：株式会社 友人社　校正：小田嶋永　立野高史　株式会社 東京出版サービスセンター
本文デザイン：TwoThree　カバーデザイン：及川真咲デザイン事務所（内津剛）　組版：株式会社 インコムジャパン
イラスト：福田真知子（熊アート）　アサミナオ
写真協力：アフロ　京都国立博物館　京都大学附属図書館　建仁寺　国立国会図書館　三の丸尚蔵館　写真著作権協会　正倉院正倉　正倉院宝物　相国寺　東京国立博物館／Image: TNM Image Archives　長崎大学附属図書館　根津美術館　平等院　法隆寺　読売新聞　ロイター　早稲田大学図書館　ColBase（https://colbase.nich.go.jp/）

Web上でのスケジュール表について

下記にアクセスすると1週間の予定が立てられて、ふり返りもできるスケジュール表（PDFファイル形式）をダウンロードすることができます。ぜひ活用してください。

https://www.obunsha.co.jp/service/toteyasa/

1 人類の誕生と世界の四大文明

なぜ学ぶの?

人類が集まって助けあって生きてきたことで，各地に文明が生まれたんだ。文明は，必ず一番大事な水を得られる川のそばで栄えることをおさえておこう。

年	できごと
約700万年前	**旧石器時代** **猿人**が出現。　直立歩行。打製石器を使用。狩りや採集。
約200万年前	**原人**が出現。　火を使用。
約20万年前	**新人（ホモ・サピエンス）**が出現。　ラスコーの洞窟壁画
約1万年前	**新石器時代** 磨製石器や土器の使用。農耕や牧畜が発達。
紀元前3000	**メソポタミア文明**が栄える。 くさび形文字・ハンムラビ法典・太陰暦 **エジプト文明**が栄える。 象形文字・ピラミッド・太陽暦  ◀ピラミッドとスフィンクス
紀元前2500	**インダス文明**が栄える。 モヘンジョ・ダロ・インダス文字  ◀モヘンジョ・ダロ
紀元前1500	**中国文明**が栄える。 殷という国が成立。→青銅器や甲骨文字

打製石器

磨製石器

これが大事!

四大文明は川の流域に誕生!
食料を計画的に生産するためには，常に水が必要だから。

①旧石器時代…**打製石器**，新石器時代…**磨製石器**を使用
②メソポタミア文明…**チグリス川・ユーフラテス川**
　エジプト文明…**ナイル川**　　インダス文明…**インダス川**
　中国文明…**黄河**（ホワンホー）

練習問題 ➡解答は別冊 p.2

1 資料①・②の石器が使われた時代の説明として正しいものを，下のア～エから1つずつ選び，記号で答えなさい。

資料

① ②

ア 指導者による統治が行われていた。
イ 農耕(のうこう)や牧畜(ぼくちく)を行った。
ウ 狩りや漁・採集中心の生活をしていた。
エ 稲作が広く行われていた。

 ①  ②

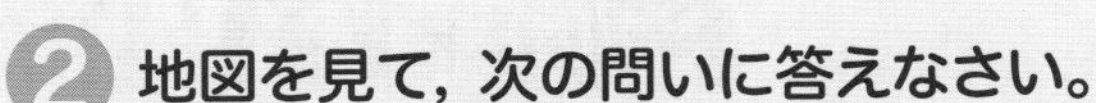

2 地図を見て，次の問いに答えなさい。

(1) **地図**の①～④にあてはまる文明の名を答えなさい。

① 文明
② 文明
③ 文明
④ 文明

地図

(2) **地図**の①～④の文明について正しく説明したものを，下の**ア～エ**から1つずつ選び，記号で答えなさい。

ア モヘンジョ・ダロという都市がつくられた。
イ くさび形文字が使われた。
ウ 甲骨(こうこつ)文字が使われた。
エ 巨大なピラミッドが建設された。

① ② ③ ④

2 ギリシャ・ローマの文明と宗教のおこり

古代のギリシャ・ローマでは独自の文明が築かれていて，パルテノン神殿やコロッセオがつくられたよ。三大宗教は，紀元前５世紀ごろから７世紀ごろにかけて開かれて，現在でもたくさんの人が信仰しているんだ。

年	できごと
紀元前8世紀ごろ	**ギリシャ文明**が栄える。 アテネなどの都市国家（ポリス） 男性市民が参加する民会（民主政）
紀元前6世紀ごろ	**都市国家ローマ**が栄える。 共和政
紀元前4世紀ごろ	**ヘレニズム** ギリシャの文化と東方のオリエント文化が融合して生まれた文化のこと。
紀元前27	**ローマ帝国**が成立。 皇帝が支配する帝政になる。 水道・浴場・闘技場などの施設がつくられる。

▲パルテノン神殿

▲コロッセオ（闘技場）

●宗教のおこり――三大宗教

これが大事!

仏教（紀元前5世紀ごろ）	**キリスト教**（紀元前後）	**イスラム教**（7世紀）
シャカ（釈迦）が開く。	**イエス**が開く。	**ムハンマド**が開く。
 東南アジアや中国，日本に伝来。	 教えが『聖書（新約聖書）』にまとめられた。	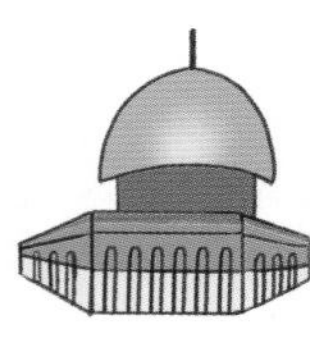 ・アラーのお告げを伝えた。 ・聖典は『コーラン』。

①ギリシャ…都市国家（**ポリス**），**パルテノン神殿**　ローマ…**コロッセオ**
②仏教…**シャカ（釈迦）**，キリスト教…**イエス**，イスラム教…**ムハンマド**

練習問題

➡解答は別冊 p.2

1 古代ギリシャ・ローマの文明について，次の問いに答えなさい。

次の文の①〜④にあてはまることばを，下の**ア〜エ**から1つずつ選び，記号で答えなさい。

> ギリシャでは，アテネなどの［ ① ］が建設されていた。また，民会を中心とした［ ② ］が行われていた。
> ローマでは，貴族(きぞく)を中心とする［ ③ ］が行われ，その後帝政(ていせい)にかわった。ローマ帝国では［ ④ ］などの施設がつくられた。

ア コロッセオ　**イ** 都市国家（ポリス）　**ウ** 共和政(きょうわせい)　**エ** 民主政(みんしゅせい)

①［　　］　②［　　］　③［　　］　④［　　］

2 各宗教と関係がある文を，下のア〜ウから1つずつ選び，記号で答えなさい。

ア 聖典は『コーラン』である。
イ 東南アジアや中国，日本に伝来した。
ウ『聖書（新約聖書）』に教えがまとめられた。

仏教［　　］　**キリスト教**［　　］　**イスラム教**［　　］

3 縄文時代と弥生時代

なぜ学ぶの?

縄文時代・弥生時代は，日本の歴史のはじまりの時代だよ。この時代をとおして，社会のしくみが変わっていき，国が形成されていくことになるんだ。縄文時代は狩りや採集，弥生時代は稲作が，生活の中心であることをしっかりおさえよう。

年	できごと
約1万数千年前〜	新石器時代。磨製石器を使用。 **縄文時代** **縄文土器**を使う**縄文文化**が始まる。 **・たて穴住居** ・狩りや漁・採集の生活。 ・貝塚や土偶を作る。 →**三内丸山**遺跡（青森県）   ▲土偶 
紀元前300年ごろ〜	**弥生時代** **弥生土器**を使う**弥生文化**が始まる。 ・大陸から**稲作**が伝わる。 **・たて穴住居** ・金属器（青銅器・鉄器）が伝わる。 ・農耕中心の生活。   ▲銅鐸 →むらができる…**吉野ヶ里**遺跡（佐賀県） →貧富の差。有力者や王が出現。むらから国へ。
紀元前後	中国の歴史書によると倭（日本）に100余りの国ができた。

これが大事!

縄文土器は縄目のような文様がある。弥生土器は赤褐色で文様が少ない。

◀縄文土器

・縄目のような文様がある。
・厚いがもろい。

◀弥生土器

・文様は少ない。
・赤褐色。
・うすくてかたい。

①縄文時代…縄文土器，狩りや漁・採集の生活
②弥生時代…弥生土器，稲作が広まる，農耕中心の生活

練習問題 ➡解答は別冊 p.2

❶ 資料を見て，次の問いに答えなさい。

(1) **資料①〜④**の中から縄文(じょうもん)時代，弥生(やよい)時代のそれぞれにあてはまるものをすべて選び，番号で答えなさい。

資料

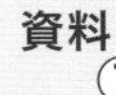

①

②

③

④

縄文時代　　　　　　**弥生時代**

(2) 稲作や，**資料①**のような青銅器(せいどうき)とともに伝わった金属器は何か答えなさい。

❷ 弥生時代後半の日本について，次の文の①〜③にあてはまることばを答えなさい。

稲作が伝わり農耕中心の生活になると，人々は［　①　］（集落）をつくって定住するようになった。そして集団の中に貧富の差が生まれ，［　①　］は有力者が統治する［　②　］へと発展した。中国の歴史書によると，紀元前後の［　③　］（日本）には100余りの［　②　］があったという。

①　　　　②

③

4 卑弥呼と東アジアの国々

弥生時代に稲作がさかんになると，効率的な生産のために人々は役割分担を行い，リーダーが生まれたんだ。また，稲作のために土地をうばいあい，争いがおこるようになっていったんだよ。

年	できごと
57	倭の**奴国**の王が，漢（後漢）の皇帝から金印を授かる。
239	**邪馬台国**の女王・**卑弥呼**が魏に使いを送る。 魏志倭人伝に記述。30あまりの小さな国々をしたがえる。
3世紀後半	豪族の大きな墓（**古墳**）がつくられるようになる。 **大和政権**が成立（現在の奈良県）。
4世紀後半〜5世紀	大和政権が九州から東北地方南部を支配。 朝鮮半島に進出。高句麗や新羅と戦う。 大和政権の王が**大王**とよばれる。
6世紀	**渡来人**が仏教や儒学などを伝える。

これが大事!

巨大な古墳は王の大きな権力を示す。

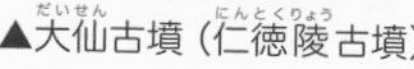
▲大仙古墳（仁徳陵古墳）

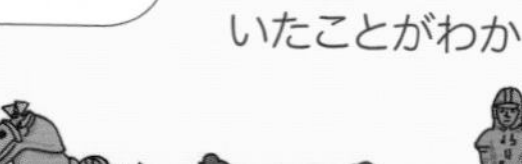

巨大な前方後円墳は多くの人々が働かないとつくれないので，王や豪族が人々をしたがえる大きな権力をもっていたことがわかる。

◀埴輪

①邪馬台国…女王・**卑弥呼**
②大和政権…日本の広い地域を支配，各地に**古墳**→**古墳時代**　王は**大王**とよばれる

練習問題 ➡解答は別冊 p.2・3

❶ 資料１を読んで，次の問いに答えなさい。

資料１

その国の王はもともと男であったが，戦乱が続いたので，国々が共同して女の［　　］を王に立てた。
［　　］は神に仕え，人々の心をひきつける不思議な力をもっていた。
（魏志倭人伝より現代語訳，抜粋）

(1) 資料１の［　　］に共通してあてはまる人物の名を答えなさい。

(2) 資料１に書かれている，３世紀ごろ日本にあった国の名を答えなさい。

❷ 資料２・３を見て，次の問いに答えなさい。

資料２

資料３

(1) ３世紀後半ごろからさかんにつくられるようになった，資料２のような形をした古墳を何というか答えなさい。

(2) 古墳の周りや頂上に置かれた資料３のような素焼きの焼き物を何というか答えなさい。

(3) 大和政権の王は５世紀ごろから何とよばれるようになったか答えなさい。

(4) 朝鮮半島から日本に渡ってきて，大陸のすぐれた技術や文化を伝えた人々を何というか答えなさい。

➡解答は別冊 p.3

おさらい問題

❶ 世界の四大文明について，次の問いに答えなさい。

(1) 次の①～④の流域に栄えた文明の名をそれぞれ答えなさい。

①黄河	②チグリス川・ユーフラテス川
③ナイル川	④インダス川

① ② ③ ④

(2) (1)で答えた①～④の文明について正しく説明したものを，下の**ア～エ**から1つずつ選び，記号で答えなさい。

ア 太陽暦を採用した　　**イ** 殷という国が成立した

ウ ハンムラビ法典がつくられた　　**エ** インダス文字が使用された

① ② ③ ④

❷ ギリシャ文明・ローマ文明にあてはまるものを，下のア～エからすべて選び，それぞれ記号で答えなさい。

ア 共和政から帝政にかわった。

イ 民会を中心に民主政が行われた。

ウ 写真1などの施設がつくられた。

エ 写真2がつくられた。

写真1

写真2

ギリシャ文明

ローマ文明

❸ 次の人物が開いた宗教をそれぞれ答えなさい。

シャカ〔釈迦〕　　**イエス**

4 縄文時代と弥生時代について，次の問いに答えなさい。

(1) 縄文土器と弥生土器の違いについて述べた，次の文の①・②にあてはまることばを，下の**ア～エ**から1つずつ選び，記号で答えなさい。

> 縄文土器は表面に［ ① ］のような文様があり，厚いがもろいのに対して，弥生土器は文様が少なく，うすくて［ ② ］という特徴がある。

ア うろこ　**イ** 縄目　**ウ** やわらかい　**エ** かたい

① ［　　］　② ［　　］

(2) 銅剣，銅矛，銅鏡，銅鐸などいろいろなかたちのものがあり，弥生時代に大陸から伝わった金属器を何というか答えなさい。

［　　］

5 弥生時代・古墳時代の日本について，次の文の①～④にあてはまることばを答えなさい。

> 3世紀ごろの日本には［ ① ］という国があり，その国の女王［ ② ］は魏に使いを送りました。3世紀後半ごろになると現在の奈良県を中心とする地域に［ ③ ］が成立し，5世紀ごろには［ ③ ］の王は［ ④ ］とよばれるようになりました。

① ［　　］　② ［　　］
③ ［　　］　④ ［　　］

5 聖徳太子の政治と飛鳥文化

なぜ学ぶの?

聖徳太子はこのあと続く「天皇中心の政治」を初めてめざした人なのでその功績とともにしっかりおさえておこう。仏教を重んじた人であることも忘れないようにね。

年	できごと
593	聖徳太子(厩戸皇子)が推古天皇の**摂政**となる。 摂政…天皇が女性だったり，おさなかったりしたときに，天皇の代理として政治を行う。 **これが大事!** 聖徳太子は天皇中心の政治をめざした
603	冠位十二階を制定。 有能な人材を役人にとりたてる。
604	十七条の憲法を制定。 役人の心がまえ。
607	小野妹子らを遣隋使として中国の隋に派遣。 隋の進んだ文化を取り入れる。 飛鳥文化が栄える。

◀聖徳太子

1	2	3	4	5	6	7	8	9	10	11	12
大徳	小徳	大仁	小仁	大礼	小礼	大信	小信	大義	小義	大智	小智

▲冠位十二階

十七条の憲法

一　和を大切にして，人といさかいをしないようにせよ。
一　あつく仏教を信仰せよ。
一　天皇の命令を受けたら，必ず従え。

(現代語訳，抜粋)

●**飛鳥文化**…仏教の影響の強い文化。飛鳥地方(奈良盆地南部)で栄えた。

代表的な寺院と仏像

現存する世界最古の木造建築。

▲法隆寺

▲法隆寺釈迦三尊像

①聖徳太子の政治…冠位十二階，十七条の憲法，遣隋使
②飛鳥文化…日本最初の仏教文化，法隆寺

練習問題 ➡解答は別冊 p.3

❶ 年表を見て，次の問いに答えなさい。

年表

年	できごと
603	① を制定する
604	十七条の憲法を制定する
607	小野妹子らを中国の ② に派遣する

(1) **年表**の政治を行った人物の名を答えなさい。

(2) 有能な人材を役人にとりたてるために制定された ① の制度の名を答えなさい。

(3) ② にあてはまる中国の王朝名を，下の**ア～エ**から１つ選び，記号で答えなさい。

ア 漢　**イ** 隋　**ウ** 唐　**エ** 殷

❷ 飛鳥文化について，次の問いに答えなさい。

(1) 次の**ア～エ**から飛鳥文化の特徴にあたるものを2つ選び，記号で答えなさい。

ア 奈良盆地南部を中心に栄えた。　**イ** 武士や貴族を中心に栄えた。

ウ 仏教の影響の強い文化である。　**エ** ローマの影響を受けた文化である。

(2) 飛鳥文化を代表する，現存する世界最古の木造建築の寺院の名を答えなさい。

旧石器・縄文・弥生 / 古墳・飛鳥 / 奈良 / 平安 / 鎌倉 / 室町 / 安土桃山 / 江戸 / 明治 / 大正 / 昭和〜

6 奈良時代の生活と天平文化

なぜ学ぶの？

大化の改新により，全国を支配するしくみが細かく定められた律令国家になったよ。刑罰が決められたり，政治を行う上での決まりが定められたりして，現代にも通じる国家の形が整ってきたのがこの時代なんだね。

年	できごと
645	**大化の改新**が始まる　中大兄皇子が中臣鎌足などとともに蘇我氏をたおす。豪族の支配から国家が直接支配するように。→**公地・公民**
701	**大宝律令**　律は刑罰の決まり，令は政治を行う上での決まり。→**律令国家** **班田収授法**　6歳以上の男女に口分田が与えられ，税が課せられた。
710	**平城京**に都が移る。　奈良時代が始まる。（天平文化が栄える。）
743	**墾田永年私財法**　開墾した土地は永久に自分とその子孫のものに。 **聖武天皇**が**大仏造立の詔**。都に東大寺，全国に国分寺・国分尼寺。→仏教の力で国を守ろうと考えた。

これが大事！

死んだら返す

▲班田収授法

土地は自分のものに

▲墾田永年私財法

●**天平文化**…貴族などを中心に栄えた**国際色豊かな**仏教文化。
日本は唐の制度や文化を取り入れようとたびたび中国に**遣唐使**を送った。

代表的な寺院と仏像

▲東大寺の大仏
©00931AA

校倉造の建物。

▲正倉院

正倉院には，遣唐使によってもたらされたものなどがおさめられています。

ペルシャ（今のイラン）製。

◀ガラスのさかずき（瑠璃坏）

ゼッタイ！これだけ

①奈良時代の生活…**班田収授法，墾田永年私財法**
②天平文化…国際色豊か，**東大寺，国分寺・国分尼寺，正倉院**の宝物

練習問題

➡解答は別冊 p.3・4

❶ 奈良時代の政治・生活について，次の問いに答えなさい。

(1) 大化の改新を中臣鎌足らと行った人物の名を答えなさい。

(2) 戸籍に登録された6歳以上の人々に口分田を与え，その人が死んだら国に返させる法の名を答えなさい。

(3) 743年に定められた，開墾した土地の永久私有を許した法の名を答えなさい。

❷ 天平文化について，次の問いに答えなさい。

(1) 聖武天皇が建てた，**写真1**の仏像をおさめた寺の名を答えなさい。

写真1

©00931AA

(2) シルクロードを通って日本にもたらされた，**写真2**などの宝物がおさめられている建物の名を答えなさい。

7 摂関政治と藤原氏

なぜ学ぶの?

平安時代は，天皇中心の政治から藤原氏が権力をもつ摂関政治へと転換した時代だよ。このあとは天皇中心の政治ではなくなっていくんだ。藤原氏がどのようにして権力をにぎったのかしっかりおさえておこう。

年	できごと
794	**桓武天皇**が都を京都の**平安京**に移す。 仏教勢力と縁を切り，律令制を立て直す。
797	坂上田村麻呂が**征夷大将軍**に。 東北地方の蝦夷を討伐。 桓武天皇▶
9世紀後半	**藤原氏**の**摂関政治**がはじまる。 **これが大事!** **摂関政治は藤原氏が権力をにぎった政治。** 藤原氏が摂政，関白の地位を独占し，政治の実権をにぎる政治のことを摂関政治という。 ▲藤原道長 藤原氏はまず自分の娘を天皇の后にした。そして，その子を天皇にし，祖父として政治の実権をにぎった。 藤原氏 → 娘 ♡ 天皇 → 未来の天皇 **摂政** 幼少の天皇にかわり政治を行う。 **関白** 成人した天皇を補佐して政治を行う。
894	**菅原道真**の進言で**遣唐使を停止**。
1016	**藤原道長**が**摂政**となる。 摂関政治の全盛期。

①桓武天皇…平安京→平安時代，律令制を立て直す
②摂関政治…藤原氏，摂政・関白となり政治の実権をにぎる
　藤原道長・頼通父子のときが全盛

練習問題

➡解答は別冊 p.4

1 桓武天皇の政治について，次の問いに答えなさい。

(1) 桓武天皇が行ったことを，下の**ア〜エ**から1つ選び，記号で答えなさい。

ア 京都から奈良の平城京に都を移した。
イ 蝦夷を平定するために，坂上田村麻呂を征夷大将軍に任じた。
ウ 口分田の不足を補うため，墾田永年私財法を制定した。
エ 有能な役人を登用するため，冠位十二階を制定した。

(2) 次の文の**a・b**にあてはまることばをそれぞれ答えなさい。

> 僧や貴族の争いが多くなったため，桓武天皇は［ a ］勢力を退けるために都を移し，［ b ］制の立て直しをはかった。

a　　　　**b**

2 摂関政治について，次の問いに答えなさい。

(1) 次の文の**a・b**にあてはまることばをそれぞれ答えなさい。

> 天皇が幼少のときに天皇にかわって政治を行う職を［ a ］，天皇が成人したあとも天皇を補佐して政治を行う職を［ b ］という。

a　　　　**b**

(2) 平安時代のできごとや社会のようすの説明として**誤っているもの**を，下の**ア〜ウ**から1つ選び，記号で答えなさい。

ア 菅原道真の進言で遣唐使を停止した。
イ 藤原道長が摂政となり，摂関政治の全盛期を迎えた。
ウ 天皇中心の政治に戻そうと，中大兄皇子が大化の改新を行った。

8 平安時代の文化

なぜ学ぶの？

外国の影響を受けた飛鳥文化や天平文化とちがい，平安時代の文化は日本独自の文化なんだよ。かな文字などはその代表的なもので，私たちの生活に欠かせないものだね。なぜそういった文化が生まれたのか，その背景にも注目しよう。

1 2つの新しい宗教をおさえる！

最澄と**空海**が，仏教の新しい宗派を日本に伝えた。

天台宗
最澄
比叡山・延暦寺

真言宗
空海
高野山・金剛峯寺

浄土信仰…
念仏を唱え，阿弥陀仏にすがり，極楽浄土に生まれ変わることを願う。
都に住む貴族から地方に広まる。

藤原頼通が京都・宇治に建てた。

代表的な阿弥陀堂 **平等院鳳凰堂**

2 日本独自の文化が栄えた！

日本の風土や生活に合った日本風の文化（**国風文化**）が発展。

仮名文字による文学作品

作品名	『源氏物語』	『枕草子』	『古今和歌集』
作者・編者	紫式部	清少納言	紀貫之ら
ジャンル	長編小説	随筆	和歌集

寝殿造
有力貴族の屋敷

平安貴族の服装

▲束帯　▲十二単

これが大事！

国風文化は，遣唐使の停止により発達。

- 遣唐使の停止（菅原道真の進言）によって唐の影響が薄れた。
- 仮名文字が発達し，日本のことばを表しやすくなった。

ゼッタイ！これだけ

①天台宗と真言宗…天台宗→最澄，真言宗→空海
②浄土信仰…平等院鳳凰堂
③国風文化…仮名文字，『源氏物語』，『枕草子』，『古今和歌集』

練習問題

➡解答は別冊 p.4

1 平安時代の新しい仏教について，次の問いに答えなさい。

(1) 次の文のa〜eにあてはまるものを，下のア〜カから1つずつ選び，記号で答えなさい。

> 平安時代はじめに［ a ］とともに中国に渡った最澄と空海は，新しい仏教の宗派を日本に伝えました。最澄は比叡山に［ b ］を建てて，［ c ］宗を広め，空海は高野山に［ d ］を建てて，［ e ］宗を広めました。

ア 遣唐使　　イ 真言　　ウ 金剛峯寺
エ 天台　　オ 遣隋使　　カ 延暦寺

a［　　］ b［　　］ c［　　］ d［　　］ e［　　］

(2) 写真の建物は，平安時代に生まれた何という信仰にもとづいて建てられたものか，答えなさい。

［　　　　］

写真

2 国風文化の説明として誤っているものを，下のア〜エから1つ選び，記号で答えなさい。

ア この文化が生まれた背景には遣唐使の停止がある。
イ 仏教の影響が強い国際色の豊かな文化である。
ウ 日本人の生活や感情に合った文化である。
エ この文化のおもな担い手は貴族である。

［　　］

➡解答は別冊 p.4・5

おさらい問題

❶ 聖徳太子の政治と時代について，次の問いに答えなさい。

(1) 次の文の**a～c**について，各問いに答えなさい。

> 推古天皇の摂政となった聖徳太子は，［ a ］を中心とする政治のしくみを整えました。家柄にとらわれず才能や功績のある人をとりたてる［ b ］や，役人の心がまえを示した［ c ］などを定めました。

①**a**にあてはまることばを答えなさい。

②**b**と**c**にあてはまることばを，下の**ア～エ**から1つずつ選び，記号で答えなさい。

ア 十七条の憲法　**イ** 大宝律令　**ウ** 公地・公民　**エ** 冠位十二階

b　　**c**

(2) 聖徳太子の時代に栄えた，日本最古の仏教文化の名を答えなさい。

❷ 天平文化について，次の問いに答えなさい。

(1) **写真**の建物は宝物をおさめた校倉造の建物です。建物の名を答えなさい。

写真

(2) 天平文化の特徴を表した次の文の①・②にあてはまることばを，下の**ア～エ**から1つずつ選び，記号で答えなさい。

> 天平文化は，［ ① ］と［ ② ］の影響を強く受けた国際色豊かな文化である。

ア 儒学　**イ** 仏教　**ウ** 唐　**エ** 隋

①　　②

3 摂関政治について，次の問いに答えなさい。

(1) 1016年に摂政になり，藤原氏の全盛期を築いた人物の名を答えなさい。

(2) 次の文の**a・b**にあてはまることばを，下の**ア〜エ**から1つずつ選び，記号で答えなさい。

> 藤原氏は自分の娘を天皇の后にし，孫を天皇にした。天皇が幼いときは［ a ］として，成長してからは［ b ］として権力をふるった。このような政治を摂関政治という。

ア 関白　**イ** 征夷大将軍　**ウ** 蝦夷　**エ** 摂政

a　　**b**

(3) 藤原氏の策略によって九州に追いやられた人物で，遣唐使の停止を進言した人物の名を答えなさい。

4 平安時代の文化ついて，次の問いに答えなさい。

(1)『源氏物語』,『枕草子』の作者の名をそれぞれ答えなさい。

『源氏物語』

『枕草子』

(2) **イラスト**のような美しい庭園をもつ有力貴族の屋敷のつくりを何というか答えなさい。

イラスト

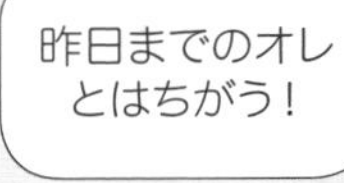

1章 古代までの日本　2章 中世の日本　3章 近世の日本　4章 近代日本の歩みと世界　5章 二度の世界大戦と日本　6章 現代の日本と世界

1 武士の台頭と鎌倉幕府

なぜ学ぶの？

10世紀には日本の歴史に武士が登場するよ。源氏と平氏が争ったけれど，12世紀末には源氏が勝って，源頼朝が鎌倉幕府を開いたんだ。この時代は，ここから江戸時代まで続く武士政権が始まる，重要なターニングポイントなんだ。

年	できごと
10世紀	武士が成長。武士団をつくる。 源氏と平氏が勢力を広げる。 源氏 VS 平氏
1086	白河上皇が院政を始める。 退位した天皇（上皇）が政治を行う。
1167	平清盛が太政大臣になる。 平氏 平氏が政治の実権をにぎる。日宋貿易を行う。
1185	壇ノ浦の戦い 平氏が滅ぶ。
1192	源頼朝が征夷大将軍になる。 武士による新しい政治を鎌倉ではじめる。 源氏 源氏の将軍は3代で終わる。 ⇒北条氏が執権として政治を行う。…執権政治
1221	承久の乱が起こる。 後鳥羽上皇対幕府。幕府が勝利。 幕府は京都に六波羅探題を設置。
1232	北条泰時が御成敗式目を定める。 御家人に裁判の基準を示す。

武士の反乱
・平将門の乱（関東地方）
・藤原純友の乱（瀬戸内海）

◀平清盛

▲源頼朝

これが大事！

「御恩と奉公」の関係が鎌倉幕府を支えた。

頼朝の家来となった武士を御家人という。将軍と御家人は，土地をなかだちにして強い主従関係を結んだ。

御恩
将軍
御家人
奉公

ゼッタイ！これだけ

①武士の台頭…源氏と平氏，平清盛が太政大臣に
②鎌倉幕府…源頼朝が開く，御恩と奉公の関係，北条氏が執権になり政治を行う，承久の乱に勝利

練習問題

➡解答は別冊 p.5

1 年表を見て，次の問いに答えなさい。

(1) **年表のA～D**にあてはまることばをそれぞれ答えなさい。

A

B

C　　氏

D

年表

年	できごと
1086	白河上皇(しらかわじょうこう)が［A］をはじめる
1167	［B］が太政大臣(だいじょうだいじん)になる
1185	壇ノ浦(だんのうら)の戦いで［C］が滅ぶ
1192	［D］が征夷大将軍(せいいたいしょうぐん)になる
1221	承久(じょうきゅう)の乱がおこる …E
1232	御成敗式目(ごせいばいしきもく)が定められる …F

(2) **年表のB**が行った貿易を何というか答えなさい。

(3) **年表のE**の承久の乱をおこした人物を，下の**ア～エ**から1つ選び，記号で答えなさい。

ア 北条政子(ほうじょうまさこ)　**イ** 源義経(みなもとのよしつね)　**ウ** 後鳥羽上皇(ごとば)　**エ** 平清盛(たいらのきよもり)

(4) **年表のF**の御成敗式目とは何か，下の**ア～ウ**から1つ選び，記号で答えなさい。

ア 御家人(ごけにん)に裁判(さいばん)の基準(きじゅん)を示したもの。
イ 朝廷(ちょうてい)の役人の心得を示したもの。
ウ 農民の生活について細かく定めたもの。

2 鎌倉時代の文化と仏教

鎌倉時代には，それまでの貴族の文化のほかに，武士や民衆に好まれる文化や新しい仏教が広まったんだ。武士が支配者になり，民衆が力をつけたことがその背景にあるよ。現代の私たちに身近な仏教の宗派もこのころ生まれたんだ。

1 鎌倉文化は武士の文化

●建築・彫刻

東大寺南大門

▲東大寺南大門
©00932AA

南大門にある。
写実的で力強い。

金剛力士像
運慶らの作。

▲金剛力士像（阿形像）
©00933AA

●代表的な文学作品

・『新古今和歌集』（和歌集）
藤原定家らが編さん。

・『平家物語』（軍記物）
琵琶法師が語る。

・『徒然草』（随筆）
吉田兼好（兼好法師）の作。

・『方丈記』（随筆）
鴨長明の作。

これが大事！ 鎌倉時代には，**武士の気風に合った力強い文化**が生まれた。

2 鎌倉時代の仏教は実践しやすい！

●念仏を唱えることで救われる。

法然が**浄土宗**を開く。
「南無阿弥陀仏」

親鸞が**浄土真宗**を開く。
悪人であるとの自覚で救われる（一向宗）。

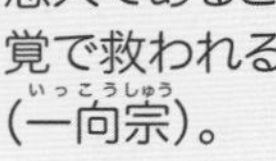

一遍が**時宗**を開く。
踊念仏

●題目を唱えることで救われる。

日蓮が**日蓮宗**を開く。
「南無妙法蓮華経」

●**禅宗**…座禅を通して自らの手で真理を悟る。

栄西が**臨済宗**を伝える。

道元が**曹洞宗**を伝える。

簡単でわかりやすかったから広まったんだよ。

これが大事！ 新しい仏教は，**武士や民衆**の間に広まった。

①鎌倉文化…武士らしく力強い文化，**東大寺南大門金剛力士像**など
②新しい仏教…**浄土宗**，**浄土真宗**，時宗，**日蓮宗**，**禅宗**

練習問題

➡解答は別冊 p.5・6

1 鎌倉時代の文化について，次の問いに答えなさい。

(1)『方丈記』を書いた人物の名を答えなさい。

(2) 藤原定家らが編さんした文学作品の名を答えなさい。

(3) **写真**の，鎌倉時代を代表する東大寺南大門におかれた2体の彫刻の名を答えなさい。

写真

©00933AA

2 鎌倉時代の新しい仏教について，次の問いに答えなさい。

(1) 鎌倉時代の仏教について正しく説明したものを，下の**ア〜エ**から1つ選び，記号で答えなさい。

ア 臨済宗は，栄西により伝えられた。
イ 曹洞宗は，法然により伝えられた。
ウ 浄土宗は，親鸞により開かれた。
エ 日蓮宗は，道元により開かれた。

(2) 踊念仏を行った人物の名を答えなさい。

3 ユーラシアの動きと元寇

なぜ学ぶの？

モンゴル帝国（元）が2度にわたって日本に攻めてきたよ。元軍は撃退できたけれど，その後，御家人たちの生活が苦しくなって幕府に対する不満が高まったんだ。元寇は鎌倉幕府がほろびるきっかけにもなった重要な出来事なんだよ。

年	できごと
1206	**チンギス・ハン**がモンゴルを統一。 ユーラシア大陸の東西にまたがる大帝国に。
1268	モンゴル帝国の使者が大宰府に来る。 日本に服属するよう要求。 執権**北条時宗**が拒否。
1271	モンゴル皇帝**フビライ・ハン**が国号を元とする。
1274	**文永の役** 元軍が襲来。
1281	**弘安の役** 元軍が再度襲来。
1297	幕府が**徳政令**を出す（永仁の徳政令）。 御家人の借金を帳消しにするための法律。
1333	鎌倉幕府が滅びる。

元寇
・御家人が北九州の沿岸で元軍と戦う。
・暴風雨などのため元軍は敗退。

服属を要求。
拒否。

▲フビライ・ハン

▲北条時宗

元寇後，御家人には恩賞が少なく，生活苦が続いたため幕府への不満が高まった。

これが大事！ 日本軍は苦戦したがなんとか元軍を退けた。

御家人たちは勇敢に戦ったが，元軍の集団戦法と火薬を使った武器（てつはう）に苦しめられた。

▲元軍との戦い

①モンゴル帝国…**チンギス・ハン**が建国
②元寇…元軍が2度にわたり日本を襲う，**北条時宗**が迎え撃つ

練習問題

➡解答は別冊 p.6

❶ 地図を見て，次の問いに答えなさい。

(1) 13世紀はじめに建国され，**A**で示す領域まで拡大した帝国の名を答えなさい。

(2) この帝国を建国した人物の名を答えなさい。

❷ 元軍の襲来について，次の問いに答えなさい。

(1) 2度にわたり元軍が日本に襲来したできごとを何というか答えなさい。

(2) 元軍が襲来したときの，鎌倉幕府の執権はだれか，答えなさい。

(3) 次の文の**a・b**にあてはまることばを，下の**ア～エ**から1つずつ選び，記号で答えなさい。

> 日本軍は元軍の［ a ］戦法と，「てつはう」とよばれる［ b ］を使った武器に苦戦した。

ア 一騎打ち　**イ** 集団　**ウ** 火薬　**エ** 金

a［　　］　**b**［　　］

4 南北朝の動乱と室町幕府

なぜ学ぶの？

鎌倉幕府を倒した後醍醐天皇は，天皇中心の政治を始めたけれど失敗に終わったんだ。その後，朝廷が2つに分裂し，天皇が2人いる時代が約60年続いたよ。このときに別の天皇をたてた足利尊氏が，室町幕府を開いたんだ。

年	できごと
1333	**後醍醐天皇**が天皇中心の政治・**建武の新政**をはじめる。 失敗に終わる。
1336	2つの朝廷があらそう**南北朝時代**となる。
1338	**足利尊氏**が**征夷大将軍**になり京都に幕府を開く。
1378	3代将軍**足利義満**が，京都の**室町**に幕府を移す。
1392	義満が南北朝を統一。
1404	義満が明との間で**勘合（日明）貿易**をはじめる。 倭寇（海賊）の船と区別するため，勘合という合い札を用いる。

▲建武の新政
武士社会の慣習を無視したため，武士の間で不満が高まった。

北朝 VS 南朝
足利尊氏がたてた天皇　後醍醐天皇

▲足利尊氏

▲足利義満

これが大事！ 室町幕府のしくみ

将軍
地方　中央
将軍の補佐役
管領
守護の下に置かれた。
新しい役所
地頭　守護　鎌倉府（関東8か国のほか2国を治める）
問注所　政所　侍所

北朝 南朝
1つにまとまる。

ゼッタイ！これだけ

①建武の新政…**後醍醐天皇**による天皇中心の政治
②南北朝時代…**南朝**（後醍醐天皇），**北朝**（**足利尊氏**がたてた天皇）
③室町幕府…**足利尊氏**が幕府を開く，**足利義満**が南北朝を統一

練習問題 ➡解答は別冊 p.6

❶ 年表を見て，次の問いに答えなさい。

(1) **年表の①～③にあてはまる人名やことばをそれぞれ答えなさい。**

①

②

③ 　　　　貿易

年表

年	できごと
1336	後醍醐天皇が吉野に朝廷を移す
1338	［　①　］が征夷大将軍となり，幕府を開く
1378	足利義満が京都の［　②　］に幕府を移す
1392	南北朝が統一される
1404	義満が［　③　］貿易を始める　　…A

(2) **年表のAについて**，足利義満が貿易を行った中国の王朝名を，下の**ア～エ**から1つ選び，記号で答えなさい。

ア 宋　　**イ** 元　　**ウ** 明　　**エ** 唐

❷ 室町幕府について，次の問いに答えなさい。

(1) 室町幕府で，将軍の補佐役として置かれた役職を，下の**ア～エ**から1つ選び，記号で答えなさい。

ア 摂政　　**イ** 執権　　**ウ** 管領　　**エ** 関白

(2) 次の文の**X**にあてはまることばを答えなさい。

> 室町幕府では，［　X　］は地頭を支配下に置き，領国を支配した。

5 室町時代の文化

なぜ学ぶの？

室町時代には北山文化と東山文化が栄えたんだ。北山文化には，貴族と武士の両者の影響があるけれど，東山文化には武士の好みが色濃く出ているよ。2つの文化の違いをしっかりおさえよう。

●北山文化

足利義満の時代

金閣…3代将軍義満が建造。

金閣▶

貴族と武士の屋敷の様式を合わせたつくり

これが大事！

素朴で力強い武士の文化と**貴族の優雅な文化**が融合。

●東山文化

足利義政の時代

銀閣…8代将軍義政が建造。

銀閣▶

書院造

禅宗の影響

◀東求堂同仁斎

書院造では床の間が設けられ，生け花や水墨画などがかざられた部屋では茶の湯が行われた。

庭園	美術
枯山水	水墨画
龍安寺の石庭など。	**雪舟**により大成。

これが大事！

簡素で落ち着いた文化。

●武士や民衆に愛された文芸

能	**観阿弥・世阿弥**父子。猿楽や田楽などの芸能を能として大成。
狂言	能の合間に演じられた喜劇。
お伽草子	『浦島太郎』『一寸法師』など，絵入りの物語。

①北山文化…武士と貴族の文化が融合，金閣
②東山文化…簡素で落ち着いた文化，銀閣，書院造，枯山水，水墨画

練習問題

➡解答は別冊 p.6

❶ 室町(むろまち)時代の文化について，次の問いに答えなさい。

(1) **イラスト**を見て，各問いに答えなさい。

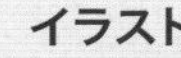

① **イラスト**の建物の名前を答えなさい。

② ①を建てた人物の名を答えなさい。

(2) 次の文を読んで，各問いに答えなさい。

> 足利義政(あしかがよしまさ)は京都の東山(ひがしやま)の別荘に［ A ］を建てました。［ A ］の一部には床(とこ)の間(ま)などを設けた建築様式である［ B ］を取り入れています。これらは［ C ］の影響を受けています。

① **A・B**にあてはまることばをそれぞれ答えなさい。

A

B 　　　　造(づくり)

② **C**にあてはまるものを，下の**ア〜エ**から1つ選び，記号で答えなさい。

ア 一向宗(いっこうしゅう)　　**イ** 浄土宗(じょうどしゅう)　　**ウ** 時宗(じしゅう)　　**エ** 禅宗(ぜんしゅう)

(3) 水墨画(すいぼくが)を大成させた人物の名を答えなさい。

6 応仁の乱と戦国大名

将軍のあとつぎ問題をめぐって京都でおこった応仁の乱は，11年間も続いたんだ。戦乱は全国に広がり，室町幕府は権力を失ったよ。だから，各地に戦国大名が登場して，日本は戦国時代に突入するんだね。この流れは大事だよ。

年	できごと
	足利義満の死後，守護大名の力が増大。
1467	京都で**応仁の乱**がおこる（～1477）。 ⇒**戦国時代**の幕開け。
1485	山城国一揆（～1493）
1488	加賀の一向一揆（～1580）
	下剋上の風潮が広まる。 下剋上…実力のある下の者が上の者にうち勝つこと。
	応仁の乱のあとから各地で**戦国大名**が登場。 幕府の統制から離れ，独自に領地を支配。
	分国法が定められる。 領国内だけで通用する法律。今川氏や武田氏などが定める。 分国法の例 一，けんかをした者は，いかなる理由によるものでも処罰する 甲州法度之次第（現代語訳，抜粋）

これが大事！

応仁の乱は，将軍のあとつぎ問題をめぐっておこった守護大名の細川氏と山名氏の争いをきっかけに，戦乱は全国の守護大名を巻き込み11年間続いた。

▲戦国大名

①応仁の乱…**足利義政**のあとつぎをめぐる争い，**戦国時代**の幕開け
②戦国大名…**下剋上**の風潮，**分国法**などによる独自の領国支配

練習問題

➡解答は別冊 p.6・7

1 年表を見て，次の問いに答えなさい。

年表

年	できごと
1467	京都で［ A ］がおこる
1485	山城国一揆（やましろのくにいっき）がおこる ┐…B
1488	加賀（かが）の一向（いっこう）一揆がおこる ┘

(1) 年表のAについて，各問いに答えなさい。

① Aにあてはまることばを答えなさい。

［　　　　］の乱

② Aの争いは，どの将軍のあとつぎをめぐる争いからおきたか，その将軍を，下のア～ウから1つ選び，記号で答えなさい。

ア 足利尊氏（あしかがたかうじ）　イ 足利義満（よしみつ）　ウ 足利義政（よしまさ）

［　　］

(2) 年表のBのように，実力のある下の者が上の者にうち勝つ風潮を何というか答えなさい。

［　　　　］

(3) Aの争い以降，(2)の風潮のなかで，戦乱が広がった時代を何というか答えなさい。

［　　　　］時代

(4) (3)の時代に，幕府（ばくふ）の統制から離れ，独自に領地を支配するようになった者を何というか，下のア～エから1つ選び，記号で答えなさい。

ア 守護（しゅご）　イ 守護大名（だいみょう）　ウ 地頭（じとう）　エ 戦国（せんごく）大名

［　　］

➡解答は別冊 p.7

おさらい問題

① 鎌倉幕府について，次の問いに答えなさい。

(1) 次の文のa～dについて，各問いに答えなさい。

> [a] で平氏を滅ぼした後，[b] は全国に [c] と地頭を置くなど，本格的な武士の政権を打ち立てました。1192年に [b] は [d] に任じられ，政治制度の整備を進めました。

① aにあてはまる合戦の名を，下の**ア～ウ**から1つ選び，記号で答えなさい。

ア 平将門の乱　**イ** 大化の改新　**ウ** 壇ノ浦の戦い

② bにあてはまる人物の名を答えなさい。

③ c・dにあてはまることばを，下の**ア～エ**から1つずつ選び，記号で答えなさい。

ア 守護　**イ** 国司　**ウ** 征夷大将軍　**エ** 太政大臣

c　d

(2) 鎌倉幕府で北条氏が独占し，政治の実権をにぎった地位の名を答えなさい。

② 南北朝時代について，次の問いに答えなさい。

(1) 鎌倉幕府を滅ぼした後，後醍醐天皇が行った政治を何というか答えなさい。

(2) 南朝と北朝の2つに分かれた朝廷を統一した人物の名を答えなさい。

❸ 鎌倉時代と室町時代の文化ついて，次の問いに答えなさい。

(1) 次の文の**X**にあてはまることばを答えなさい。

鎌倉時代には［ X ］の気風に合った力強い文化が生まれた。

(2) 鎌倉時代の代表的文学作品で，琵琶法師によって語られた軍記物の名を答えなさい。

(3) **イラスト**を見て，各問いに答えなさい。

① **イラスト**の部屋のつくりを何というか答えなさい。

造

② **イラスト**の部屋がある建物が建てられたころの文化の名を答えなさい。

イラスト

❹ 戦国時代について，次の問いに答えなさい。

(1) 8代将軍足利義政のあとつぎをめぐっておこり，戦国時代の幕開けとなった戦乱の名を答えなさい。

(2) 次の文の**a〜c**にあてはまることばを，下の**ア〜カ**から1つずつ選び，記号で答えなさい。

［ a ］は［ b ］の風潮のもと，守護大名をたおしたり，守護大名が成長したりして各地に登場しました。［ a ］の今川氏や武田氏などは独自の［ c ］を定め，幕府の統制から離れて領国を支配しました。

ア 土一揆　**イ** 戦国大名　**ウ** 禅宗　**エ** 下剋上　**オ** 分国法　**カ** 式目

a　**b**　**c**

旧石器・縄文・弥生 古墳・飛鳥 奈良 平安 鎌倉 室町 安土桃山 江戸 明治 大正 昭和〜

1 ヨーロッパの動きと世界

なぜ学ぶの？

15世紀後半のヨーロッパでは，ポルトガルとスペインが大西洋に乗りだし，新航路を開拓したんだ。大航海時代のはじまりだよ。それぞれの航路を見てみると，おどろくべきことに世界をほぼ一周しているんだ！

これが大事！ **15世紀後半，ポルトガルとスペインが，アジアの香辛料などを求めて新航路の開拓に動く。**

●**大航海時代**の世界

コロンブス
1492年，アメリカ大陸に近い西インド諸島に到達。

バスコ・ダ・ガマ
1498年，アフリカ大陸南端の喜望峰をまわってインドに到達。

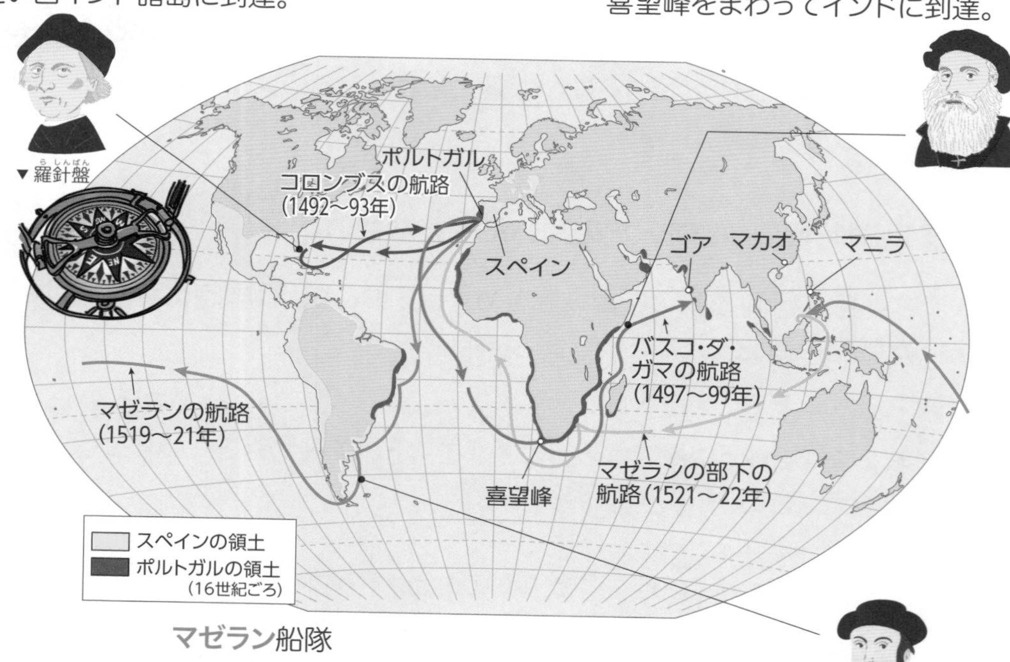

マゼラン船隊
1521年，南アメリカ南端を通りフィリピンへ到達。
マゼランの死後，部下が世界一周を果たす。

ゼッタイ！これだけ

①**コロンブス**…西インド諸島
②**バスコ・ダ・ガマ**…インド
③**マゼラン**船隊…世界一周

練習問題 ➡解答は別冊 p.8

❶ 新航路の開拓について，次の問いに答えなさい。

(1) **地図**で，マゼランの一行が開いた新航路を示すものを，**A～C**から1つ選び，記号で答えなさい。

地図

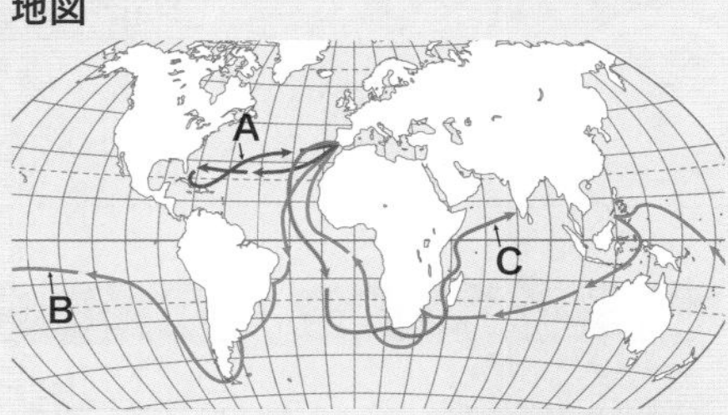

(2) 1492年，アメリカ大陸に近い西インド諸島に到達した人物の名を答えなさい。

(3) (2)の人物が開拓した航路を，**地図**の**A～C**から1つ選び，記号で答えなさい。

(4) アフリカ大陸南端の喜望峰（きぼうほう）をまわって，インドに到達する新航路を開いた人物の名を答えなさい。

(5) 15世紀，新航路の開拓に取り組んだヨーロッパの国の名を2つ答えなさい。

・

2 キリスト教と鉄砲の伝来

なぜ学ぶの?

1543年，ポルトガル人が鉄砲を日本に伝えたことが，日本とヨーロッパの最初の出会いなんだ。実は，時計やカステラなどはヨーロッパから伝わったものなんだよ。その後，キリスト教も伝わり，日本は大きな影響を受けたんだ。

年	できごと
16世紀はじめ	ヨーロッパで**宗教改革**がはじまる。 ドイツのルターがカトリック教会を批判。改革を進める。 ・カトリック教会が**イエズス会**を中心に立て直しをはかる。 ・日本を含むアジアやアメリカ大陸に宣教師を派遣。
1543	**鉄砲**が日本に伝わる。
1549	宣教師**フランシスコ・ザビエル**が**キリスト教**を伝える。 九州や近畿地方を中心にキリスト教信者（キリシタン）が増える。 ▲フランシスコ・ザビエル
1582	九州のキリシタン大名が天正遣欧少年使節をローマ教皇のもとへ派遣。

これが大事! **鉄砲の伝来は戦い方を大きく変えた**

戦国大名が鉄砲に注目。急速に普及し，全国統一の動きを早めた。

よろいやかぶとを身に着けた武士が，入り乱れる接近戦。→ 身軽な歩兵（足軽）が鉄砲をもち，遠くから集団で攻撃する集団戦法。

●南蛮貿易

ポルトガル・スペインとの貿易が平戸（長崎県）や長崎で行われた。

※ポルトガル人やスペイン人を南蛮人と呼んだことから，南蛮貿易の名がついた。

日本の輸出品

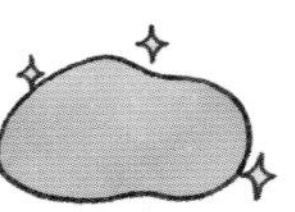

主に銀

日本の輸入品

生糸，絹織物，時計，ガラス製品，鉄砲，火薬など

①**鉄砲**…ポルトガル人から種子島に伝わり，広まる
②**キリスト教**…イエズス会の**フランシスコ・ザビエル**が伝える
③**南蛮貿易**…ポルトガル・スペインとの貿易

練習問題

➡解答は別冊 p.8

❶ 宗教改革とヨーロッパ文化の伝来について，次の問いに答えなさい。

(1) 次の文の**A・B**にあてはまることばをそれぞれ答えなさい。

> 16世紀はじめに，ヨーロッパではキリスト教の宗教改革がおこり，ドイツの［ A ］は，カトリック教会を批判した。カトリック教会では，［ B ］が中心となって教会の立て直しをはかった。

A［　　　　］ **B**［　　　　］

(2) 1549年に，日本にキリスト教を伝えた人物の名を答えなさい。

［　　　　］

(3) 南蛮貿易で日本が輸出していたものを，下の**ア～エ**から1つ選び，記号で答えなさい。

ア 生糸　**イ** 火薬　**ウ** 銀　**エ** 香辛料

［　　　　］

❷ 鉄砲の伝来について，次の文のa・bにあてはまることばを，下のア～エから1つずつ選び，それぞれ記号で答えなさい。

> 鉄砲の伝来によって，それまでの戦い方が大きく変わることになった。重いよろいやかぶとを身にまとった武士が入り乱れる接近戦から，鉄砲をもつ身軽な歩兵（［ a ］）が，遠くから集団で攻撃する［ b ］に変わった。

ア 御家人　**イ** 足軽　**ウ** 集団戦法　**エ** 奇襲戦法

a［　　　　］ **b**［　　　　］

旧石器・縄文・弥生 / 古墳・飛鳥 / 奈良 / 平安 / 鎌倉 / 室町 / 安土桃山 / 江戸 / 明治 / 大正 / 昭和～

3 織田信長の時代

なぜ学ぶの?

織田信長はとても有名な歴史上の人物だね。それは，古いしきたりにとらわれず，新しい発想と行動力で勢力をのばしたからだよ。長篠の戦いで鉄砲を活用したことや，楽市・楽座の政策などにそれがあらわれているね。

年	できごと
1560	**織田信長**が**桶狭間の戦い**で今川義元を破る。
1568	京都に上る。
1573	室町幕府を滅ぼす。 15代将軍足利義昭を京都から追放。
1575	**長篠の戦い**で武田勝頼を破る。
1576	**安土城**を築く。 安土城下で**楽市・楽座**を行う。
1582	**本能寺の変**で自害。家臣の明智光秀のむほん。

▲織田信長

信長は，ほかの戦国大名や寺院勢力を力でねじふせ，全国統一をめざした。

鉄砲隊を駆使し，武田氏の騎馬隊を破った。

▲長篠の戦い

これが大事! **楽市・楽座では，商工業の発展がはかられた。**
城下町では税や座がなくされ，自由に商売ができた。

一　この町を楽市と命じたからには，座の規制や税などはいっさい免除する。
一　商人は，安土を通る道を通り，安土城下町で宿をとること。
（『近江八幡市共有文書』現代語訳，抜粋）

▲楽市令

①**桶狭間の戦い**…信長が今川氏に勝利
②**長篠の戦い**…信長が鉄砲を効果的に使う
③**楽市・楽座**…安土城下など　商工業の発展

練習問題

➡解答は別冊 p.8

❶ 織田信長について年表を見て，次の問いに答えなさい。

(1) **年表**の①〜③にあてはまるものを，下の**ア〜ウ**から1つずつ選び，それぞれ記号で答えなさい。

ア 本能寺の変
イ 長篠の戦い
ウ 桶狭間の戦い

年表

年	できごと
1560	（①）で今川氏を破る ……A
1575	（②）で武田氏を破る ……B
1576	安土城を築く ……C
1582	（③）で自害する ……D

① ② ③

(2) 織田信長が鉄砲隊を使って勝利したのは，**年表**の**A・B**のどちらか，記号で答えなさい。

(3) **年表**の**C**の安土城下で行われた，商工業を発展させるための経済政策を何というか答えなさい。

(4) **年表**の**D**のできごとで，織田信長を自害に追いこんだ人物の名を答えなさい。

4 豊臣秀吉の時代

織田信長は全国統一を果たせなかったけれど，豊臣秀吉が明智光秀を討って信長の後継者になったよ。朝廷から関白に任命された秀吉は，天皇の権威も利用しながら，ついに全国統一を果たした。これは歴史でとても重要なことなんだよ。

年	できごと
1582	**豊臣秀吉**が明智光秀を討つ。 **太閤検地**をはじめる。 農民の出身。信長に仕えたのちに，全国統一を果たした。 ▲豊臣秀吉 これが大事！ **太閤検地は，確実に年貢を納めさせるため。** 農地の広さを調べ，確実に年貢を納めさせるため，ものさしやますを統一し，予想される収穫量を石高であらわした。また耕作する農民を記録した。 ※石高…田畑などで収穫が予想される量を米の体積であらわしたもの。1石は米の重さにすると約150kg。 ▲ます
1583	**大阪城**を築きはじめる。 ▲大阪城
1588	**刀狩**を行う。 農民から武器を取り上げ**兵農分離**を進める。 ▲刀狩
1590	全国統一に成功。 小田原攻めで北条氏をたおす。
1592 1597	文禄の役 慶長の役 ― **朝鮮侵略**…明の征服をめざしたが失敗に終わる。

①**太閤検地**…ものさし，ます，単位の統一
②**刀狩令**…兵農分離

練習問題 ➡解答は別冊 p.8

❶ 豊臣秀吉(とよとみひでよし)について，次の問いに答えなさい。

(1) 秀吉が行った，武士(ぶし)と農民の区別を明確にすることを何というか，漢字4文字で答えなさい。

(2) (1)の政策として行われたことを何というか答えなさい。

(3) 秀吉が行った，農地の面積を調べて，予想される収穫量を石高(こくだか)であらわした政策を何というか答えなさい。

(4) 次の文の**a・b**にあてはまるものを，下の**ア〜エ**から1つずつ選び，それぞれ記号で答えなさい。

> [a] の征服をくわだてた秀吉は，2度にわたり [b] に出兵したが，失敗に終わった。

ア 元(げん)　**イ** 明(みん)　**ウ** 朝鮮(ちょうせん)　**エ** ポルトガル

a [　　]　b [　　]

1章 古代までの日本
2章 中世の日本
3章 近世の日本
4章 近代日本の歩みと世界
5章 二度の世界大戦と日本
6章 現代の日本と世界

➡解答は別冊 p.8・9

おさらい問題

❶ 地図を見て，次の問いに答えなさい。

(1) **地図のA〜C**の航路を開拓した人物の名をそれぞれ答えなさい。

地図

A, B, C

A [　　　　]

B [　　　　]

C [　　　　]

(2) 次の文の**a・b**にあてはまることばを，下の**ア〜エ**から1つずつ選び，それぞれ記号で答えなさい。

> [a] などのアジアの物産はヨーロッパで人気があったが，イスラム商人が仲介（ちゅうかい）していたため高価であった。そこで，[b] やスペインはアジアと直接取引できるように新航路の開拓に取り組んだ。

ア 香辛料（こうしんりょう）　**イ** 肉　**ウ** イタリア　**エ** ポルトガル

a [　　　　]　b [　　　　]

❷ 次の文のa・bにあてはまることばをそれぞれ答えなさい。

> [a] の宣教師（せんきょうし）[b] が日本でキリスト教の布教（ふきょう）をはじめ，九州や近畿地方を中心に信者が増えた。

a [　　　　会]　b [　　　　]

❸ 次の文のa・bにあてはまることばをそれぞれ答えなさい。

［ a ］の戦いにおいて，織田信長は［ b ］隊を駆使し，武田勝頼の騎馬隊を打ち破った。

a ______ b ______

❹ 年表を見て，次の問いに答えなさい。

(1) 年表の①～③にあてはまることばをそれぞれ答えなさい。

① ______

② ______

③ ______

年表

年	できごと
1582	豊臣秀吉が［ ① ］を討ち， 信長の後継者となる 太閤検地をはじめる ……A
1583	［ ② ］を築きはじめる
1588	［ ③ ］を行い，兵農分離を進める
1590	全国統一を果たす

(2) 年表のAについて，次の文のa・bにあてはまることばを，下のア～エから1つずつ選び，それぞれ記号で答えなさい。

太閤検地では，確実に［ a ］を納めさせることを目的に，単位を統一して農地の広さをはかり，予想される収穫量を［ b ］であらわした。

ア 租　**イ** 年貢　**ウ** 石高　**エ** ます

a ______ b ______

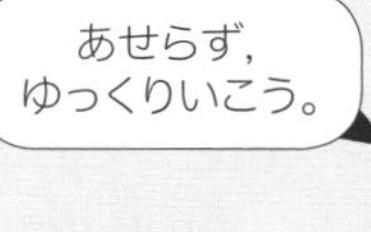

5 桃山文化

なぜ学ぶの?

安土桃山時代には，大名や豪商たちの豪華な生活を背景に，活気あふれる桃山文化とヨーロッパの影響を受けた南蛮文化が生まれたよ。時計やパンなど，現代の私たちの生活に欠かせないものも南蛮文化なんだ。

1 桃山文化

これが大事! 新たな支配者となった大名の権力と豪商の富を背景に生まれた豪華で壮大な文化。

●建築と美術

姫路城…天守閣をもつ大きな城

天守閣は支配者の権威を示す

唐獅子図屏風…狩野永徳作。

●茶の湯

千利休が**わび茶**として大成。

●民衆の文化

かぶき踊り…出雲の阿国が考案。

かぶき踊り▶

2 南蛮文化

これが大事! 南蛮貿易の商人や宣教師によって伝えられた文化。

ポルトガル語がそのまま日本語になって広まったものもあるよ。

●新しい学問や技術

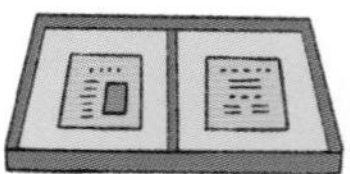

天文学，医学，航海術，活版印刷術など

●物や食べ物

パン，カステラ，カルタ，時計など

ゼッタイ! これだけ

①桃山文化…豪華で壮大な文化。姫路城（天守閣） 障壁画（狩野永徳） 茶の湯（千利休） かぶき踊り（出雲の阿国）

②南蛮文化…南蛮貿易の商人や宣教師から伝えられた文化

練習問題 ➡解答は別冊 p.9

1 次の文と資料を見て，下の問いに答えなさい。

織田信長や豊臣秀吉による全国統一が進む中で生まれた豪華で壮大な文化を，［ A ］という。天守閣をもつ城などのふすまや屏風には**資料**のような絵が描かれた。また，この文化の時代には千利休が［ B ］を［ C ］として大成させた。

資料 唐獅子図屏風

(1) **A**にあてはまることばを答えなさい。

(2) **資料**の作品を描いた人物を，下の**ア〜ウ**から1つ選び，記号で答えなさい。

ア 運慶　**イ** 世阿弥　**ウ** 狩野永徳

(3) **B・C**にあてはまるものを，下の**ア〜エ**から1つずつ選び，それぞれ記号で答えなさい。

ア わび茶　**イ** 茶の湯　**ウ** 水墨画　**エ** 障壁画

B　　C

2 次の文のa・bにあてはまることばをそれぞれ答えなさい。

［ a ］やスペインとの貿易によって伝えられた文化を，［ b ］文化といいます。活版印刷などの技術のほか，「カステラ」「カルタ」などがもたらされ，日本語となって広まりました。

a　　b

6 江戸幕府の成立

なぜ学ぶの?

徳川家康が関ヶ原の戦いに勝って，江戸に幕府を開いたよ。江戸幕府はその後，約260年間も続くんだ。そんなに長い間幕府が人々を統治できたのは，幕府が大名をしっかり支配する体制が整っていたからなんだよ。

年	できごと
1600	**関ヶ原の戦い**で**徳川家康**が勝利。 西軍の石田三成と戦う。
1603	徳川家康が**征夷大将軍**に任じられる。 **江戸幕府**が成立。
	幕府と藩が領地と民衆を統治する**幕藩体制**を確立。
1615	**武家諸法度**・**禁中並公家諸法度**を制定。
1635	**徳川家光**が**参勤交代**を制度化。 大名は1年ごとに江戸と領地を往復。

▲徳川家康

武家諸法度（現代語訳，抜粋）
- 一　学問と武道にはげむこと。
- 一　新しく城を築くことは，禁止する。修理もとどけ出ること。
- 一　大名は幕府の許可なく，かってに結婚してはならない。

▲徳川家光

これが大事!

江戸幕府のしくみ

江戸幕府の政治は，将軍から任命された老中を中心に行われた。

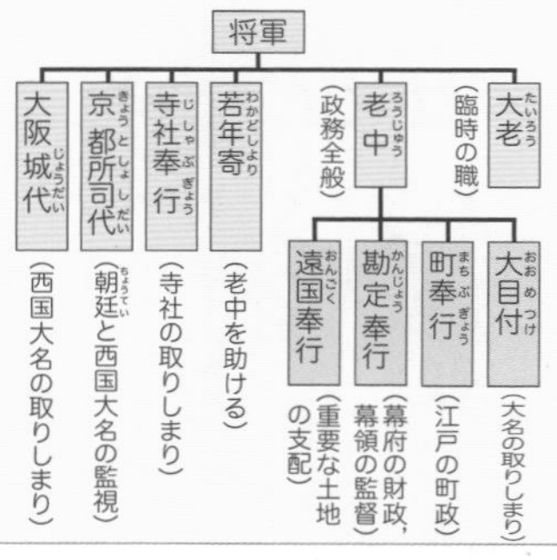

これが大事!

参勤交代は大名を弱らせるため！

江戸での生活費や江戸との往復の費用はばく大で，参勤交代には大名を財政的に弱らせ，幕府に反抗できないようにする目的があった。

▲参勤交代のようす

ゼッタイ! これだけ

①江戸幕府の成立…**徳川家康**が**関ヶ原の戦い**に勝利，**征夷大将軍**に
②江戸幕府の統治…**幕藩体制**，**武家諸法度**，**参勤交代**で大名を統制

練習問題

➡解答は別冊 p.9

1 **年表と資料を見て，次の問いに答えなさい。**

(1) 徳川家康と西軍の石田三成の両軍が戦った，**年表**の**A**の戦いを何というか答えなさい。

年表

年	できごと
1600	[A] が起こる
1603	徳川家康が江戸に幕府を開く
1615	[B] を制定する
1635	参勤交代が制度化される ……C

(2) **年表**と**資料**の**B**にあてはまる法の名を答えなさい。

資料

[B]（現代語訳，抜粋）（1615年）

・学問と武道にはげむこと。

・新しく城を築くことは，禁止する。修理もとどけ出ること。

・大名は幕府の許可なく，かってに結婚してはならない。

(3) **年表**の**C**の参勤交代について答えなさい。

① 参勤交代を制度化した将軍の名を答えなさい。

② 参勤交代について，次の文の**a**・**b**にあてはまることばをそれぞれ答えなさい。

[a] は1年おきに領地と [b] を往復させられ，[a] の妻子は人質として [b] に住むことを幕府に強いられた。

a

b

7 江戸幕府の外交

なぜ学ぶの?

キリスト教の教えが幕府の考えに反していたため，信仰が禁じられてしまうんだ。これによりキリスト教を布教する外国との交流も禁じられ，日本はその後の歴史に大きな影響を及ぼす鎖国政策に転じていくんだよ。

年	できごと
17世紀はじめ	**朱印船貿易**がさかんに行われる。 東南アジアなどに**日本町**ができる。 幕府は**朱印状**（貿易許可証）を発行し，貿易の発展に力を入れた。 ▲朱印状 貿易が活発になり，キリスト教徒が増える。 ▲朱印船
1612	幕領にキリスト教禁止令（禁教令）が出される。 キリスト教の教えが幕府の考えに反していたため。
1637	**島原・天草一揆**が起こる。 キリスト教徒への厳しい弾圧と領主の圧政に反発し，**天草四郎**（益田時貞）を大将として起きた一揆。 ▲天草四郎 ◀絵踏 キリスト教の取りしまりがさらに強化される。
1639	ポルトガル船の来航を禁止。
1641	平戸のオランダ商館を長崎の**出島**に移す。 **鎖国**の完成。 日本人の出国と帰国を禁止。キリスト教を布教しないオランダと中国だけに貿易を許す。 ▲出島

これが大事!

鎖国は幕府の支配力を高めた。

鎖国により，世界の情勢から大きな影響を受けなくなり，幕府は外交と貿易を独占し，支配力を高めた。

ゼッタイ! これだけ

①**朱印船貿易**…朱印状の発行，貿易が発展，日本町ができる
②キリスト教の禁止…天草四郎が率いる**島原・天草一揆**が起こる
③**鎖国**…オランダと中国だけに長崎での貿易を許す

練習問題

➡解答は別冊 p.9・10

❶ 年表を見て，次の問いに答えなさい。

年表

年	できごと
	朱印船貿易がさかんになる ……**A**
1635	日本人の海外渡航・帰国を禁止
1637	**B** がおこる
1641	平戸のオランダ商館を長崎の **C** に移す ……**D**

(1) **年表**の**A**の，朱印船貿易がさかんに行われた地域を，下の**ア〜エ**から1つ選び，記号で答えなさい。

ア 蝦夷地　**イ** 東南アジア

ウ 朝鮮　**エ** ポルトガル

(2) **年表**の**B**について，各問いに答えなさい。

① **年表**の**B**にあてはまる，天草四郎を大将として起きた一揆を，下の**ア〜エ**から1つ選び，記号で答えなさい。

ア 山城国一揆　**イ** 島原・天草一揆

ウ 加賀の一向一揆　**エ** 正長の土一揆

② この一揆は，ある宗教への弾圧が1つの原因でした。この宗教を答えなさい。

(3) **年表**の**C**にあてはまる場所を答えなさい。

(4) **年表**の**D**によって完成された江戸幕府の外交体制を何というか答えなさい。

8 産業と都市・交通の発達

なぜ学ぶの？

江戸時代には，農具の改良や肥料の開発により農業が発達したよ。同じころに交通路が整備されると，それによって都市が栄え，商業もさかんになったんだ。江戸時代は産業の発達が急激に進んだ時代だったんだね。

1 技術開発などにより農業が発達

これが大事！ 収穫量が増え，商品作物の栽培も普及した。

●農業の発達

幕府や藩による**新田開発**
→**農具の改良**
備中ぐわ，千歯こきなど。
→肥料の開発
干鰯，油かすなど。
※干鰯…いわしが原料。油かす…菜種などが原料。

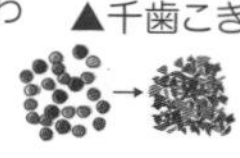
▲備中ぐわ　▲千歯こき

菜種　油かす

→収穫量が増える。

商品作物…売って現金にできる作物　わた，菜種，あい，べにばななど。

◀べにばな

2 交通路が整備され，各地に都市が発達

これが大事！ 三都（江戸・大阪・京都）を中心に商業がさかんに。

●都市の発達…**三都**が栄える。
- ・江戸…18世紀はじめ，人口が100万人をこえる。
- ・大阪…「天下の台所」
  全国の物資が集まる商業都市。
  諸藩の**蔵屋敷**が置かれた。
- ・京都…古くからの文化の中心地。

▼江戸時代の交通

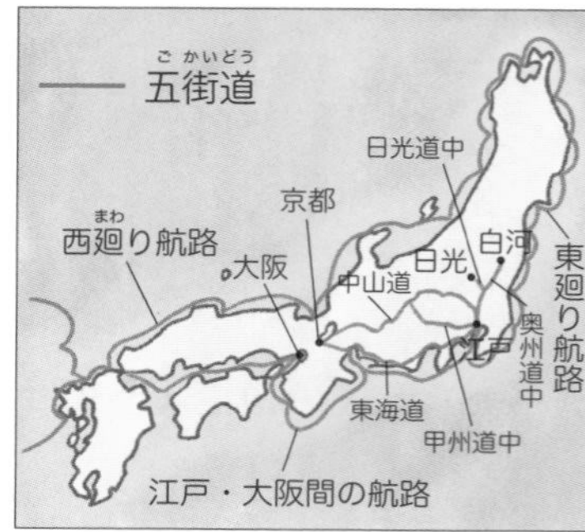

●商業の発達
都市では大商人が同業者組合である**株仲間**をつくり，営業を独占した。

①産業の発達…新田開発，商品作物の栽培も普及
②都市と交通の発達…五街道の整備，三都が栄える，商業の発展，株仲間

練習問題

➡解答は別冊 p.10

❶ 江戸時代の農業の発達について説明した次の文のa～cにあてはまるものを，下のア～エから1つずつ選び，それぞれ記号で答えなさい。

> 新田開発が進められる一方，農民は，農具を改良し，新しい肥料を使用して生産量の増加に努めた。土地を深くたがやすことができる［ a ］という農具を使い，いわしを原料とした［ b ］などの肥料を使うようになった。また，わたや菜種などの［ c ］の栽培をさかんに行った。

ア 備中ぐわ　**イ** 干鰯　**ウ** 油かす　**エ** 商品作物

a［　　］　b［　　］　c［　　］

❷ 地図を見て，三都と呼ばれた都市についてのA～Cの説明にあてはまる，地図のア～ウの記号と都市名を，それぞれ答えなさい。

A 古くからの文化の中心地。
B 五街道の起点となった都市。
C 天下の台所と呼ばれた都市。

地図

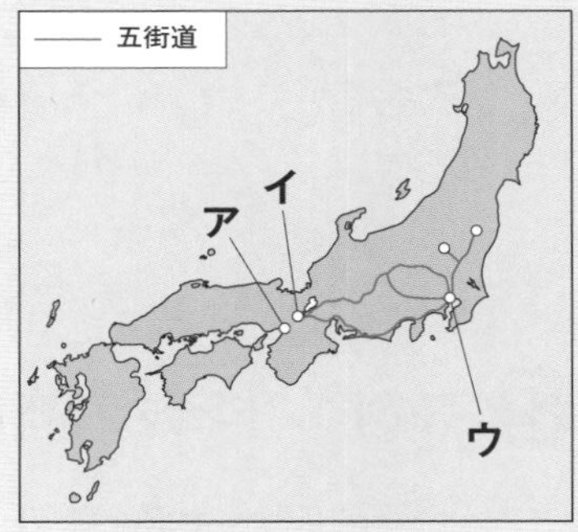

	記号		都市名
A		・	
B		・	
C		・	

➡解答は別冊 p.10

おさらい問題

❶ 写真を見て，次の問いに答えなさい。

(1) **写真**の城の名を答えなさい。

写真

(2) 次の文の**a**にあてはまることばを，下の**ア～ウ**から1つ選び，記号で答えなさい。

> 安土桃山時代には**写真**のような［ a ］をもつ大きな城が建てられた。［ a ］は領地の支配者となった戦国大名の権威を示すものである。

ア 金閣　**イ** 天守閣　**ウ** 阿弥陀堂

❷ 次の問いに答えなさい。

(1) 江戸幕府が**大名・朝廷**を統制するために定めた法の名を，下の**ア～エ**から1つずつ選び，それぞれ記号で答えなさい。

ア 御成敗式目　**イ** 武家諸法度　**ウ** 十七条の憲法　**エ** 禁中並公家諸法度

大名　　　**朝廷**

(2) 江戸幕府と藩が領地と民衆を統治する体制を何というか答えなさい。

③ 次の文を読んで，下の問いに答えなさい。

江戸幕府は成立当初，渡航許可証を発行したため [a] がさかんに行われた。多くの日本人が東南アジアに移り住み，各地に [b] ができた。貿易がさかんになるにつれてキリスト教徒も増えたが，キリスト教の教えが幕府の考えに合わなかったため，幕府は**c**キリスト教を禁止した。

(1) **a・b**にあてはまることばをそれぞれ答えなさい。

a 　　　　**b**

(2) 下線部**c**について，キリスト教徒への弾圧などが原因で起こった島原(しまばら)・天草一揆(あまくさいっき)を，大将として率いた人物の名を答えなさい。

④ 地図を見て，次の問いに答えなさい。

(1) **赤色**で示された交通路の総称の名と，**A**の交通路の名を答えなさい。

赤色

A

地図

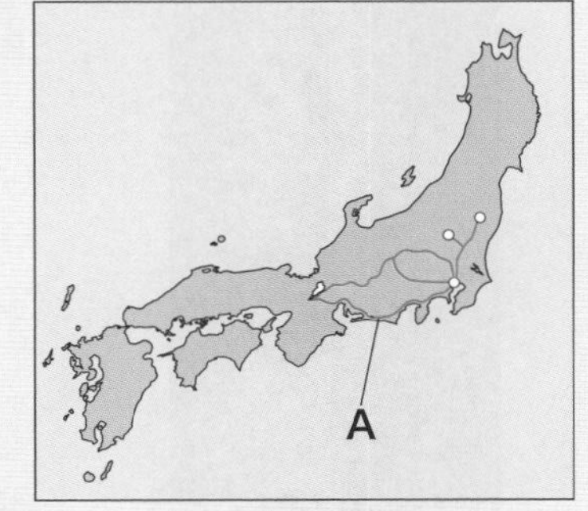

(2)「天下の台所」と呼ばれた大阪に置かれた，倉庫を備えた諸藩(しょはん)の建物(たてもの)を何というか，下の**ア〜ウ**から1つ選び，記号で答えなさい。

ア 蔵屋敷(くらやしき)　**イ** 本陣(ほんじん)　**ウ** 旅籠(はたご)

9 元禄文化

なぜ学ぶの？

元禄文化は，上方（京都・大阪）の町人を中心に栄えた文化だよ。当時は幕府の政治が安定し，経済力をつけた町人が文化をになったんだ。このあとでてくる化政文化にくらべて全体的に明るくて活気に満ちたはなやかな文化なんだよ。

これが大事！ 元禄年間に，上方（京都・大阪）を中心に栄えた，明るい町人文化。

●文芸

作品名	『日本永代蔵』	『曽根崎心中』	『奥の細道』
作者	**井原西鶴**	**近松門左衛門**	**松尾芭蕉**
ジャンル	**浮世草子**（小説）	**人形浄瑠璃**の脚本	**俳諧，紀行文**

●絵画

・**浮世絵**
『見返り美人図』
菱川師宣作。

・**装飾画**
『燕子花図屏風』
尾形光琳作。

俵屋宗達は元禄文化ではないけれど一緒におさえておこう。

『風神雷神図屏風』
（江戸初期・17世紀の文化）
俵屋宗達作。

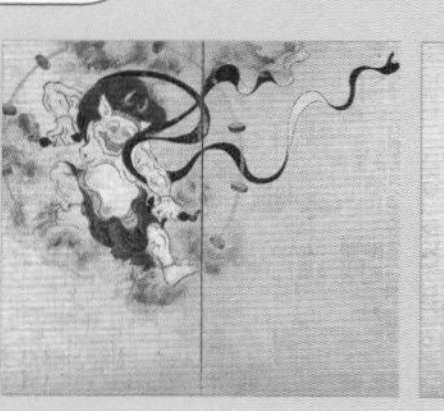

●学問

5代将軍**徳川綱吉**は儒学の一派である**朱子学**を重んじた。

ゼッタイ！これだけ

①**元禄文化**…上方（京都・大阪）の町人がになう
②文芸…浮世草子（**井原西鶴**）　人形浄瑠璃（**近松門左衛門**）
　俳諧（**松尾芭蕉**）
③絵画…**浮世絵**（**菱川師宣**）　装飾画（**尾形光琳**）

練習問題 ➡解答は別冊 p.11

❶ 元禄文化について，次の問いに答えなさい。

(1) 元禄文化について説明した次の文の**A・B**にあてはまることばを，下の**ア～エ**から1つずつ選び，それぞれ記号で答えなさい。

> 17世紀末から18世紀はじめ，京都や［ A ］を中心とする上方で栄えた，［ B ］をおもなにない手とする文化を元禄文化という。

ア 大阪　**イ** 江戸　**ウ** 武士　**エ** 町人

A［　　］　B［　　］

(2) 次の①～③の分野で活躍した人物を，下の**ア～エ**から1つずつ選び，それぞれ記号で答えなさい。

> ① 俳諧　② 浮世草子　③ 人形浄瑠璃の脚本

ア 松尾芭蕉　**イ** 俵屋宗達
ウ 近松門左衛門　**エ** 井原西鶴

①［　　］　②［　　］　③［　　］

資料『見返り美人図』

(3) **資料**を描いた，浮世絵の祖といわれる人物の名を答えなさい。

［　　］

(4) 5代将軍の徳川綱吉が重んじた，儒学の一派である学問を何というか答えなさい。

［　　］

10 享保の改革・田沼の政治・寛政の改革

なぜ学ぶの?

18世紀には，悪化した財政を立て直すために3つ政治改革が行われたんだ。目的は同じはずなのに，享保の改革，田沼意次の政治，寛政の改革，それぞれの政治改革の内容は，倹約→商人の力を利用→倹約と異なるんだよ。

年	できごと
	5代将軍徳川綱吉のころから，幕府の財政が悪化する。
1716	8代将軍**徳川吉宗**による**享保の改革**。 これが大事! **質素・倹約を奨励。** ・**上げ米の制**を定める。 ・**公事方御定書**を定め，裁判の基準を示す。 ・**目安箱**を設置し，庶民の意見を聞く。 ◀徳川吉宗 ・参勤交代をゆるめる ・米をおさめさせる
1772	老中**田沼意次**による政治改革。 これが大事! **商人の力を利用。** ・**株仲間**を公認。営業税をとり，幕府の収入を増やす。 ・長崎貿易を推進。 ・わいろが横行し，政治が乱れる。 ◀田沼意次 税
1787	老中**松平定信**による**寛政の改革**。 これが大事! **質素・倹約を厳しく奨励。** ・出かせぎの農民を農村に帰す。 ・旗本や御家人の借金を帳消し。 ・朱子学以外の学問を教えることを禁止。 ・米をたくわえさせる（囲い米）。 ◀松平定信 ▲囲い米

ゼッタイ! これだけ

①享保の改革…徳川吉宗，質素・倹約，上げ米の制，公事方御定書など
②田沼の政治…田沼意次，商人を利用，株仲間の奨励，わいろが横行
③寛政の改革…松平定信，質素・倹約，農村の立て直しなど

練習問題

➡解答は別冊 p.11

❶ 18世紀に行われた政治改革について，次の問いに答えなさい。

(1) 次の**A・B**の政治改革を行った人物の名をそれぞれ答えなさい。
A 享保(きょうほう)の改革　**B** 寛政(かんせい)の改革

A [　　　　]　**B** [　　　　]

(2) **A・B**の改革の間の時期に，商人の力を利用して財政の立て直しをはかった老中(ろうじゅう)の名を答えなさい。

[　　　　]

(3) **A**の改革で，大名(だいみょう)が江戸(えど)にいる期間を半分にして参勤交代(さんきんこうたい)をゆるめるかわりに，幕府(ばくふ)に米をおさめさせる制度を何というか答えなさい。

[　　　　]

(4) **B**の人物が行った政策について，次の文の**a・b**にあてはまることばを，下の**ア〜エ**から1つずつ選び，それぞれ記号で答えなさい。

> **B**は［ a ］を救済するため，商人にした借金を帳消しにした。また，儒学(じゅがく)のなかでも特に身分の上下を重んじる［ b ］を推奨(すいしょう)し，それ以外の学問を教えることを禁じた。

ア 旗本(はたもと)・御家人(ごけにん)　**イ** 農民
ウ 国学(こくがく)　**エ** 朱子学(しゅしがく)

a [　　　　]　**b** [　　　　]

11 天保の改革

なぜ学ぶの？

19世紀にはいると外国船の来航が活発になり，幕府は開国を迫られるよ。国内では百姓一揆や打ちこわしがたびたび起こり，社会不安が高まったんだ。このような内外の不安に対応して，幕府の権力強化を目指したのが天保の改革だよ。

年	できごと
18世紀末～	日本の近海に外国船がやってきて，開国を迫る。
1825	**異国船（外国船）打払令**が出される。
1833	天保のききんが発生（～39）。 百姓一揆や打ちこわしが多発する。 ▲百姓一揆　▲打ちこわし
1837	元大阪町奉行所の役人**大塩平八郎**が乱を起こす。 生活に苦しむ人々を助けようとして 商家を襲う一揆を起こす。 ▲大塩平八郎
1841	老中**水野忠邦**による**天保の改革**。 **これが大事！** **厳しい倹約令を出した。** ・厳しい倹約令を出し，ぜいたくを禁止。 ・農民を村に帰らせ，出かせぎを禁止。 ・株仲間を解散。物価（ものの値段）を下げようとする。 ・上知令を出す。 大名や旗本の領地を返上させて幕府の直轄地を 拡大しようとするが，大きな反対にあい失敗。 ▲水野忠邦 ▲上知令

ゼッタイ！これだけ

①幕府政治の行きづまり…**異国船打払令**，**大塩平八郎の乱**
②**天保の改革**…老中**水野忠邦**，倹約令，農民を村に帰らせる，株仲間の解散など

練習問題 ➡解答は別冊 p.11

❶ 天保の改革について，次の問いに答えなさい。

(1) 次の文を読んで各問いに答えなさい。

> 18世紀末ころより外国船が来航し，開国を迫ったが，幕府は1825年，［ A ］を出し，鎖国を守ろうとした。国内では，**B**元大阪町奉行所の役人が乱を起こし，幕府に衝撃を与えた。内外の危機に対して，老中［ C ］は幕府の権威を取り戻そうと天保の改革を行った。

① **A・C**にあてはまることばをそれぞれ答えなさい。

A 　　　　**C**

② 下線部**B**の乱を何というか答えなさい。

(2) 天保の改革の内容にあてはまるものを，下の**ア〜エ**から2つ選び，記号で答えなさい。

ア 目安箱の設置　　**イ** 旗本・御家人の借金の帳消し
ウ 株仲間の解散　　**エ** 農民の出かせぎの禁止

・

(3) 次の文の**a・b**にあてはまることばを，下の**ア〜エ**から1つずつ選び，それぞれ記号で答えなさい。

> 江戸や大阪周辺の土地を［ a ］の直轄地にしようと上知令を発令したが，［ b ］の反発にあい，改革は失敗した。

ア 朝廷　**イ** 幕府　**ウ** 農民　**エ** 大名・旗本

a 　　　　**b**

12 新しい学問と化政文化

なぜ学ぶの？

18世紀後半から19世紀はじめにかけて，化政文化が栄えたよ。上方を中心に栄えた元禄文化とは異なり，化政文化は江戸の町人がにない手になったんだ。元禄文化と雰囲気がちがい，しゃれや皮肉などを好む文化だよ。

1 国学や蘭学など新しい学問がおこった

学問	国学	蘭学	その他
人物	**本居宣長**	**杉田玄白**	**伊能忠敬**
著作など	日本古来の精神を研究。**『古事記伝』**	オランダ語で西洋の学問を学ぶ。**『解体新書』**	正確な日本地図を作成。

●教育の普及
- **藩校**…儒学を教えた。
- **寺子屋**…子どもたちに「読み・書き・そろばん」を教えた。

2 化政文化

これが大事！ **文化・文政年間に江戸を中心に栄えたしゃれや皮肉を好む町人文化。**

●美術
浮世絵の技術が発達。**錦絵**（多色刷りの版画）がつくられる。

葛飾北斎（風景画）

『富嶽三十六景』

歌川広重（風景画）

『東海道五十三次』

喜多川歌麿（美人画）

『ポッピンを吹く女』

●文芸

ジャンル	俳諧	小説	小説
作者	**与謝蕪村**，**小林一茶**	**十返舎一九**	**滝沢馬琴**
作品	『新花摘』，『おらが春』	『東海道中膝栗毛』	『南総里見八犬伝』

ゼッタイ！これだけ

①新しい学問…国学（本居宣長） 蘭学（杉田玄白） 日本地図（伊能忠敬）
②化政文化…錦絵（葛飾北斎，歌川広重，喜多川歌麿） 俳諧（与謝蕪村）

練習問題
➡解答は別冊 p.11

❶ 新しい学問と化政文化について，次の問いに答えなさい。

(1) 日本古来の精神を研究する国学を大成し，『古事記伝』をあらわした人物を，下の**ア〜ウ**から1つ選び，記号で答えなさい。

ア 小林一茶　　**イ** 伊能忠敬　　**ウ** 本居宣長

(2) 次の文の**a・b**にあてはまることばを，それぞれ答えなさい。

> オランダ語で西洋の学問を学ぶ［ **a** ］では，［ **b** ］らが人体解剖書である『解体新書』を出版した。

a　　　　**b**

(3) **資料**を見て，各問いに答えなさい。

① **資料**のような多色刷りの版画を何というか答えなさい。

② **資料**を描いた人物を，下の**ア〜ウ**から1つ選び，記号で答えなさい。

ア 葛飾北斎　　**イ** 歌川広重　　**ウ** 喜多川歌麿

資料『東海道五十三次』

➡解答は別冊 p.12

おさらい問題

❶ 次の問いに答えなさい。

(1) **元禄文化**と**化政文化**の説明としてあてはまるものを，下の**ア～エ**から1つずつ選び，それぞれ記号で答えなさい。

ア 新たな支配者となった大名にふさわしい豪華で壮大な文化である。
イ ポルトガルやスペインの影響を受けている。
ウ 経済力をもった上方（京都・大阪）の町人がにない手となった。
エ 江戸の町人がにない手となり，文化・文政の時代に栄えた。

元禄文化 ＿＿＿＿ **化政文化** ＿＿＿＿

(2) 次の文の**a・b**にあてはまることばを，下の**ア～エ**から1つずつ選び，それぞれ記号で答えなさい。

> 絵画では，俵屋宗達がはじめた大胆な構図の［ a ］が発展し，元禄期に［ b ］が豊かな色使いと大胆なデザインで大成した。

ア 浮世絵　**イ** 装飾画　**ウ** 尾形光琳　**エ** 近松門左衛門

a ＿＿＿＿ **b** ＿＿＿＿

(3) **資料**を見て，各問いに答えなさい。

① **資料**の錦絵を描いた人物の名を答えなさい。

＿＿＿＿

資料

② 錦絵の作家のうち,『ポッピンを吹く女』など美人画を得意とした人物の名を答えなさい。

＿＿＿＿

❷ 年表を見て，次の問いに答えなさい。

(1) **年表のAの改革の内容にあてはまらないものを**，下の**ア～エ**から1つ選び，記号で答えなさい。

ア 株仲間を解散した。
イ 質素・倹約を奨励した。
ウ 公事方御定書を制定した。
エ 上げ米の制を定めた。

年表

年	できごと
1716	徳川吉宗が享保の改革をはじめる……**A**
1772	田沼意次が老中になる
1787	松平定信が政治改革をはじめる……**B**
1825	[X] が出される
1837	[Y] が起こる
1841	水野忠邦が天保の改革をはじめる

(2) **年表のB**について，各問いに答えなさい。

① **B**の改革を何というか答えなさい。

② **B**の改革の内容にあてはまるものを，下の**ア～エ**から1つ選び，記号で答えなさい。

ア 目安箱を設置した。　**イ** 株仲間を奨励した。
ウ 参勤交代の制をゆるめた。　**エ** 旗本や御家人の借金を帳消しにした。

(3) **年表のX**にあてはまる，江戸幕府が鎖国を守ろうとして出した法の名を答えなさい。

(4) **年表のY**にあてはまる，天保のききんなどで苦しんでいる人々を救おうと，元大阪町奉行所の役人が起こした乱の名を答えなさい。

市民革命と産業革命

なぜ学ぶの？

17〜18世紀の欧米では市民革命と産業革命が起こったよ。この2つの革命が進行するなかで，啓蒙思想家たちの思想から，現代にもつながる政治や社会についての重要な考え方やしくみが生み出されたんだ。

1 市民中心の社会をめざす市民革命

●**市民革命**…自由で平等な社会をめざす，市民による革命。これにより，国民主権や議会政治が確立した。

これが大事！

国名	イギリス	アメリカ	フランス
革命	1688年　**名誉革命**	1775年　**独立戦争**	1789年　**フランス革命**
結果	民意に反した国王を追放し，**権利章典**を定める。	イギリスによる新しい税などの弾圧に抗議。1776年独立宣言。	絶対王政を打倒。**人権宣言**を発表。

●啓蒙思想家の主張→市民革命に影響を与えた。
- ・**ロック**…社会契約説・抵抗権
- ・**モンテスキュー**…法の精神・三権分立
- ・**ルソー**…社会契約説・人民主権

2 産業革命は蒸気機関の発明がきっかけ！

●**産業革命**…18世紀中ごろ，イギリスの綿工業からはじまる。

●紡績機・織機の発明・改良。
●**ワット**が**蒸気機関**を実用化。

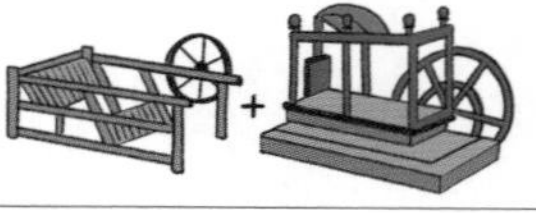

▶

●綿織物の大量生産・大量輸送が可能に。
●製鉄，機械，造船などの産業も発展。

●**世界の工場**…19世紀，イギリス。
●産業革命…フランス・ドイツ・アメリカにも広がる。

ゼッタイ！これだけ

①市民革命…名誉革命（イギリス）　独立宣言（アメリカ）　フランス革命，人権宣言（フランス）
②産業革命…蒸気機関の実用化

練習問題

➡解答は別冊 p.13

1 年表を見て，次の問いに答えなさい。

年表

年	できごと	
1688	名誉革命が起こる	……a
18世紀中ごろ	X	
1775	独立戦争が起こる	……b
1789	フランス革命が起こる	……c
1861	南北戦争	……d

(1) **年表のa**や**c**の革命を総称して何というか答えなさい。

(2) **年表のX**にあてはまる，イギリスの綿工業からはじまった産業と社会の大きな変化を何というか答えなさい。

(3) イギリス人のワットが実用化し，機械の動力に使われたものを何というか答えなさい。

(4) **年表のb**と**d**が起こった国の名を答えなさい。

(5) **年表のc**のときに発表された，自由・平等，人民主権をうたった宣言を何というか答えなさい。

自由と平等をうたうなんて
かっこいい〜！

2 欧米諸国のアジア進出

なぜ学ぶの？

市民革命と産業革命をいち早く達成したイギリスは，貿易の利益を求めてアジアへと進出するよ。イギリスによるインドや中国の植民地化が進むと，世界的に領土獲得の動きが広がり，のちに戦争を引き起こすことになるんだ。

●産業革命で資本主義が発展すると，欧米諸国は製品の市場と安い原料を求め，アジアなどに進出した。

年	できごと
	・イギリスと中国〔清〕との貿易は，イギリスの大幅な赤字。 ・イギリスは，インドで**アヘン**を栽培させて清に輸出（三角貿易）。 ・アヘンの輸入により清から銀が国外に流出。 ・清はアヘンを厳しく取りしまる。
1840	**アヘン戦争** イギリスと清との戦い。イギリスの勝利。 **南京条約**…不平等な条約。 清は5港を開港。香港がイギリス領に。 多額の賠償金。
1851	**太平天国の乱** アヘン戦争後，清で大規模な農民反乱がおこる。
	・イギリスは自国の工場で大量生産した安い綿織物をインドに輸出。 ・インドの綿工業は大打撃。
1857	**インド大反乱**を起こすが敗北。 ⇒インドの植民地化。

これが大事！ イギリスの三角貿易

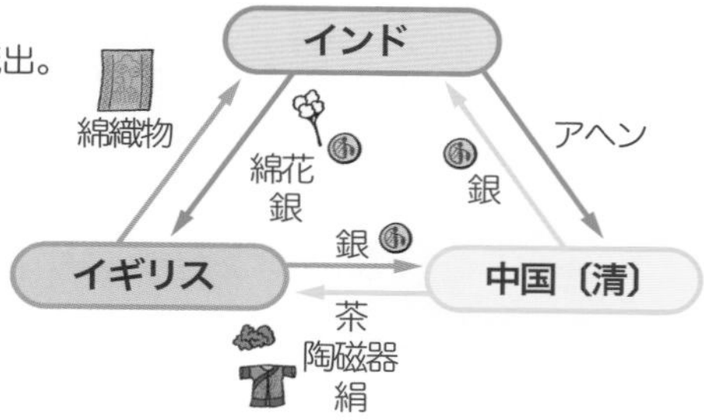

インド
イギリス
中国〔清〕
綿織物
綿花
銀
アヘン
銀
銀
茶
陶磁器
絹

▼イギリスとアジアの綿織物輸出額の変化

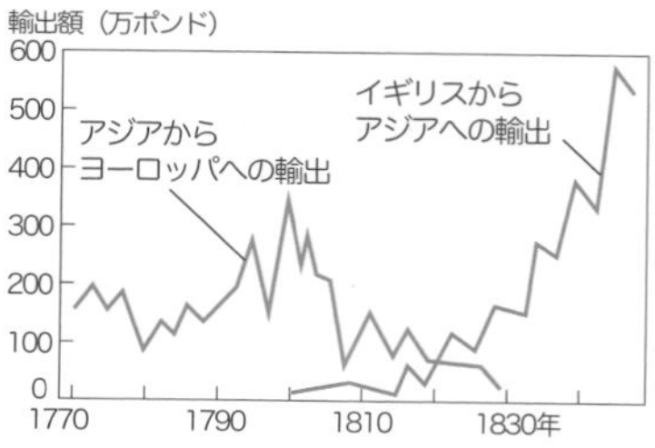

輸出額（万ポンド）
600
500
400
300
200
100
0
アジアから ヨーロッパへの輸出
イギリスから アジアへの輸出
1770
1790
1810
1830年

ゼッタイ！これだけ

①**三角貿易**…イギリスはインドでアヘンを栽培させて清に輸出，清はアヘンを厳しく取りしまる
②**アヘン戦争**…イギリスが中国〔清〕に勝利，**南京条約**
③**インド大反乱**…イギリスが鎮圧し，インドを支配

練習問題 ➡解答は別冊 p.13

❶ 資料と地図を見て，次の問いに答えなさい。

(1) **資料**を見て，各問いに答えなさい。

① **資料**の**X**と**Y**にあてはまる貿易品の正しい組み合わせを，下の**ア〜エ**から１つ選び，記号で答えなさい。

資料 3か国の貿易

ア X—アヘン　**Y**—生糸
イ X—アヘン　**Y**—綿織物
ウ X—生糸　**Y**—アヘン
エ X—綿織物　**Y**—アヘン

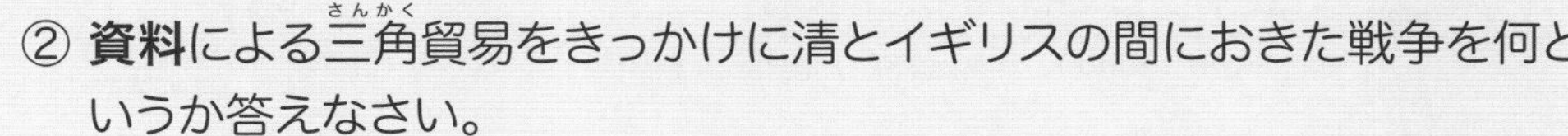

② **資料**による三角貿易をきっかけに清とイギリスの間におきた戦争を何というか答えなさい。

③ ②の結果について**誤っているもの**を，下の**ア〜エ**から１つ選び，記号で答えなさい。

ア 清はイギリスの植民地になった。　**イ** 香港がイギリス領になった。
ウ 清はイギリスと南京条約を結んだ。　**エ** 太平天国の乱が起きた。

(2) イギリスが**資料**と**地図**の**A**国に進出したことを背景に，**A**国で起きた乱を何というか答えなさい。

地図 19世紀中ごろのアジア

3 ペリー来航と江戸幕府の滅亡

なぜ学ぶの?

ペリーが来航し，長く続いた鎖国が終わると，幕府への反発から尊王攘夷運動が活発になり，やがて江戸幕府は滅亡したんだ。そして，ここから今日に至るまでの日本と海外諸国の関わり合いがはじまっていくんだよ。

年	できごと
1853	アメリカの**ペリー**が**浦賀**に来航。開国をせまる。
1854	**日米和親条約**を結ぶ。日本開国。鎖国政策が終わる。 函館・下田を開港。
1858	**日米修好通商条約**を結ぶ。 神奈川（横浜），兵庫（神戸）など5港を開港。

▲日米修好通商条約での開港地

これが大事!

日米修好通商条約は，日本に不利な不平等条約だった。

- 相手国に**領事裁判権**〔治外法権〕を認める。
  ⇒外国人が日本で罪を犯した場合，日本の法律で裁くことができない。
- 日本に**関税自主権**がない。
  ⇒輸入する商品の関税を日本が自由に決められない。

年	できごと
1858〜59	**安政の大獄**…大老井伊直弼が開国反対派を厳しく処罰。
1860	**桜田門外の変**で井伊直弼が暗殺される。 **尊王攘夷運動**が活発になる 天皇を尊び外国を追い払う運動。
1866	**薩長同盟**の成立⇒**倒幕**へ 薩摩藩西郷隆盛と長州藩木戸孝允。土佐藩出身の坂本龍馬などが仲立ち。
1867	15代将軍**徳川慶喜**が**大政奉還**を行う。江戸幕府が滅亡。 明治天皇が**王政復古の大号令**で天皇中心の政治を宣言。
1868	**戊辰戦争**がはじまる。 旧幕府軍と新政府軍との戦い。

▲薩長同盟

▲大政奉還

①ペリーの来航…**日米和親条約，日米修好通商条約**
②江戸幕府の滅亡…**尊王攘夷運動**から**薩長同盟**により倒幕へ
大政奉還…**徳川慶喜**が政権を朝廷に返す

練習問題

➡解答は別冊 p.13

❶ 年表を見て，次の問いに答えなさい。

(1) **年表のa･bのできごとについてあてはまるものを，下のア〜エから2つずつ選び，それぞれ記号で答えなさい。**

ア 下田･函館の2港を開港した。
イ 関税自主権がなかった。
ウ 神奈川（横浜）･兵庫（神戸）など5港を開港した。
エ 江戸幕府の鎖国政策が終わった。

a

b

年表

年	できごと
1854	日米和親条約が結ばれる ……a
1858	日米修好通商条約が結ばれる ……b
1858〜59	安政の大獄 ……c
1860	桜田門外の変 ……d
1866	X が結ばれる
1867	15代将軍が朝廷に政権を返す ……e 王政復古の大号令が出される
1868	Y 戦争が起こる

(2) **年表のcを行い，dで暗殺された大老の名を答えなさい。**

(3) **年表のXにあてはまる，討幕をめざして薩摩藩と長州藩が結んだ同盟は何か答えなさい。**

(4) **年表のeについて，このできごとを何というか答えなさい。**

(5) **年表のYにあてはまることばを答えなさい。**

この単元は覚えることが多いけどここさえのりきれば…

4 明治維新

なぜ学ぶの？

明治維新では，さまざまな改革が行われたけど，それらはすべて欧米諸国をモデルに近代化をおし進め，欧米に対抗するためだったんだ。日本の近代化はこれ以降の戦争などに大きな影響を及ぼしていくよ。

年	できごと
1868	**五箇条の御誓文**を制定。 新政府の基本方針。元号が明治に改元される。
1869	**版籍奉還**を実施。 （旧）大名が土地と人民を藩から政府へ返還。
1871	**廃藩置県**を実施。 藩を廃止して府県を置く。
1872	**学制**を公布。 6歳以上のすべての男女に小学校で教育を受けさせる。
1873	**徴兵令**が出される。 満20歳以上の男子に兵役の義務を課す。 **地租改正**条例が出される。 土地の所有者に地価の3%を現金で納めさせる税制。

一　政治のことは会議を開いて，みんなの意見を聞いて決めよう。
一　みんなが心を一つにして国の政策を行おう。
一　みんなの願いを実現するようにしよう。
一　昔からのよくないしきたりをやめよう。
一　世界から新しい知識を学んで，国をさかんにしよう。

▲五箇条の御誓文（現代語訳）

これが大事！ 「富国強兵」と「殖産興業」

- **富国強兵**…欧米列強に対抗するため，経済を発展させて軍隊を強化。
- **殖産興業**…産業の振興。政府が官営模範工場などをつくる。

これが大事！ **文明開化が進行し，社会が大きく変化した。**

近代化を進めるために，欧米の文化や生活様式がさかんに取り入れられた。

・**福沢諭吉**…『学問のすゝめ』
・**中江兆民**…ルソーの思想を紹介

銀座（東京）のようす▶

ゼッタイ！これだけ

①明治維新…五箇条の御誓文，廃藩置県などによる中央集権化
②さまざまな改革…学制，徴兵令，地租改正／富国強兵，殖産興業

練習問題

➡解答は別冊 p.13・14

1 次の文を読み，各問いに答えなさい。

江戸幕府にかわってできた新しい政府は1868年，まず内外に政治の基本方針を示しました。次に，政府が全国を直接治める国家をつくるため，1869年に（旧）大名が土地と人民を政府に返す［ a ］を行いました。しかし，あまり効果がなかったため，1871年［ b ］を行って，藩を廃止し，中央から府知事や県令（のちの県知事）を派遣して，地方を治めさせるようにしました。

(1) 上の文中の下線部の内容を示した**資料**を何というか答えなさい。

資料

一，広ク会議ヲ興シ万機公論ニ決スヘシ
一，上下心ヲ一ニシテ盛ニ経綸ヲ行フヘシ
一，官武一途庶民ニ至ル迄各其志ヲ遂ケ人心ヲシテ倦マサラシメンコトヲ要ス
一，旧来ノ陋習ヲ破リ天地ノ公道ニ基クヘシ
一，智識ヲ世界ニ求メ大ニ皇基ヲ振起スヘシ

(2) 上の文中の**a**・**b**にあてはまるものを，下の**ア**～**エ**から1つずつ選び，それぞれ記号で答えなさい。

ア 公地・公民　　**イ** 廃藩置県
ウ 王政復古の大号令　　**エ** 版籍奉還

a［　　］　b［　　］

2 明治政府の政策について，次の問いに答えなさい。

(1) 明治政府の富国強兵政策の一つで，満20歳以上の男子に兵役の義務を課した法令の名を答えなさい。

(2) 明治政府が土地の所有者に対し，地価の3%を現金で納めさせることにした租税制度の改革を何というか答えなさい。

旧石器・縄文・弥生 古墳・飛鳥 奈良 平安 鎌倉 室町 安土桃山 江戸 明治 大正 昭和〜

5 自由民権運動と大日本帝国憲法

現在の日本では議会があって，選挙によって政治をする人が選ばれるけれど，それはあたりまえのことではないんだよ。自由民権運動が出発点となって選挙や政党のしくみが整えられていったんだ。

年	できごと
1874	**板垣退助**らが**民撰議院設立の建白書**を提出。国会の早期開設を要求。 →**自由民権運動**のはじまり。 **これが大事!** **自由民権運動は，国民が政治に参加する権利を求めた。** 板垣退助らは国会の開設や憲法制定などを求めて自由民権運動を展開した。 ▲板垣退助
1877	**西郷隆盛**を中心に**西南戦争**が起きる。 士族最大の反乱。政府軍が鎮圧。 ▲西郷隆盛
1881	国会開設の**勅諭**が出される。 政府は10年後の国会開設を約束。 板垣退助が**自由党**を結成。
1882	**大隈重信**が**立憲改進党**を結成。 （政党の結成）
1885	**内閣制度**ができる。 **伊藤博文**が初代内閣総理大臣になる。 ◀伊藤博文
1889	**大日本帝国憲法**発布
1890	第1回衆議院議員選挙 直接国税を15円以上納めている満25歳以上の男子に選挙権。 第1回**帝国議会**開催

これが大事! **大日本帝国憲法**

第1条　大日本帝国ハ万世一系ノ天皇之ヲ統治ス
第3条　天皇ハ神聖ニシテ侵スヘカラス
第11条　天皇ハ陸海軍ヲ統帥ス
（抜粋）

①自由民権運動…**板垣退助**らが**民撰議院設立の建白書**，**国会の開設**や**憲法制定**などを求める
②大日本帝国憲法…**伊藤博文**，**内閣制度**，第1回**帝国議会**開催

練習問題

➡解答は別冊 p.14

1 年表を見て，次の問いに答えなさい。

(1) **年表**の**a**にあてはまる国会の早期開設を要求した建白書の名を答えなさい。

年表

年	できごと
1874	板垣退助らが［ a ］を提出
1877	西南戦争が起こる ……b
1881	自由党が結成される
1882	立憲改進党が結成される
1885	内閣制度が創設される ……c
1889	［ d ］が発布される
1890	第1回衆議院議員選挙を実施 ……e

(2) **年表**の**b**の中心となった人物を，下の**ア〜エ**から1つ選び，記号で答えなさい。

ア 木戸孝允　**イ** 大久保利通
ウ 岩倉具視　**エ** 西郷隆盛

(3) **年表**の**c**のとき，初代内閣総理大臣になった，右の**写真**の人物の名を答えなさい。

写真

(4) **年表**の**d**にあてはまる憲法の名を答えなさい。

(5) 次の文の**X**・**Y**にあてはまる数字をそれぞれ答えなさい。

> **年表**の**e**のときの選挙権は，「直接国税を［ X ］円以上納める満［ Y ］歳以上の男子」に限られていた。

X　　　Y

6 日清戦争と条約改正

なぜ学ぶの？

日本は日清戦争，日露戦争で勝利し，国際社会で力を認められたことで不平等条約の改正を達成したんだ。日露戦争については82ページで学ぶよ。条約改正は日本の近代化を世界に印象づける重要な出来事だったんだ。

年	できごと
	帝国主義…経済力と軍事力を背景に植民地を獲得していく動き。 欧米諸国はアフリカやアジアを次々に植民地にして世界を分割していた。
1894	**日清戦争**が起こる。 朝鮮に勢力を広げたい日本と清との対立が戦争に発展。
	領事裁判権の撤廃 外相**陸奥宗光**がイギリスと合意。 ⇒その後，ほかの欧米諸国とも合意。
1895	**下関条約**が結ばれ戦争は終結。日本が勝利。 朝鮮の独立，遼東半島，台湾などの日本領有，賠償金
	三国干渉により遼東半島を清に返還。 ロシア・ドイツ・フランス
1911	**関税自主権の回復** 外相**小村寿太郎**がアメリカと合意。 ⇒その後，ほかのヨーロッパ諸国とも合意。

日本と清が朝鮮をねらっている。
日本　ロシア　清　朝鮮

▲日清戦争前の国際関係を表す風刺画

これが大事！

遼東半島　清　澎湖諸島　台湾

◀日清戦争で得た領土

これが大事！

不平等条約の改正
⇒日本は欧米諸国と対等に。

①日清戦争…下関条約で領土や賠償金を獲得，三国干渉により遼東半島を清に返還
②不平等条約の改正…領事裁判権の撤廃，関税自主権の回復

練習問題 ➡解答は別冊 p.14

❶ 年表を見て，次の問いに答えなさい。

(1) **年表のX**にあてはまる戦争の名を答えなさい。

年表

年	できごと
	欧米諸国が海外に進出
1894	[X] が起こる
1895	下関(しものせき)条約が結ばれる ……a
	三国干渉(さんごくかんしょう)が起こる ……b

(2) **年表のa**の内容として**誤っているもの**を，下の**ア～エ**から1つ選び，記号で答えなさい。

ア 清(しん)が日本に賠償金(ばいしょうきん)を支払う。

イ 日本にとって不平等な条約を改正する。

ウ 清が遼東(りょうとう/リアオトン)半島や台湾(たいわん)などを日本にゆずる。

エ 清が朝鮮(ちょうせん)の独立を認める。

(3) **年表のb**について，**b**で日本が清に返還させられた地名を答えなさい。

❷ 次の問いに答えなさい。

次の文の**a・b**にあてはまるものを，下の**ア～エ**から1つずつ選び，それぞれ記号で答えなさい。

> 1894年に外務大臣陸奥宗光(むつむねみつ)はイギリスとの間で [a] の撤廃に合意した。1911年には外務大臣小村寿太郎(こむらじゅたろう)がアメリカとの間で，[b] の回復に合意した。

ア 関税自主権(かんぜいじしゅけん)　**イ** 下関条約　**ウ** 日清修好条規(にっしんしゅうこうじょうき)　**エ** 領事裁判権(りょうじさいばんけん)

a　　　　b

旧石器・縄文・弥生 古墳・飛鳥 奈良 平安 鎌倉 室町 安土桃山 江戸 明治 大正 昭和～

7 日露戦争と東アジアの動き

なぜ学ぶの？

日清戦争後，日本はアメリカ，イギリスの支援を受けてヨーロッパの大国ロシアに挑んだよ。これが満州と韓国の支配権をめぐる日露戦争だったんだ。他国を支配することで国際的な地位をますます高めていこうとしたんだね。

年	できごと
1900	**義和団事件**…中国で起きた，帝国主義諸国の中国分割への反発。
	→日本・ロシアを中心とする8か国の連合軍が鎮圧。
	義和団事件後もロシアが満州占領を継続，韓国にも進出。
1902	**日英同盟**を結ぶ…対ロシアで日英の利害が一致。
1904	**日露戦争**はじまる…満州，韓国をめぐる争い。
	日本が奉天会戦・日本海海戦で勝利。
1905	**ポーツマス条約**を結んで終戦
	日露戦争後，日本は韓国を保護国化し，伊藤博文を初代韓国統監として派遣。
1910	**韓国併合**…日本が韓国の外交権，内政権を握る。
	朝鮮総督府⇒韓国は日本の植民地となる。
1911	**孫文**を中心に**辛亥革命**が起こる⇒**中華民国**の成立（1912年）。
	帝国主義諸国に対抗。清朝を廃し，民族独立・近代化。

日本とロシアが韓国をねらっている。 イギリス ロシア 日本 韓国 アメリカ

▲日英同盟の風刺画

これが大事！ ポーツマス条約で日本は利権を得た。

- 韓国における日本の優越権
- 旅順・大連の租借権
- 樺太（サハリン）の南半分の割譲
- 南満州鉄道の利権

ロシア 樺太 奉天（瀋陽） 長春 北京 旅順 大連 韓国 租借 漢城（ソウル） 釜山 下関 日本 東京 清

ゼッタイ！これだけ

①日露戦争…ポーツマス条約で領土を獲得

②東アジアの動き…日本の韓国併合，孫文を中心に辛亥革命，中華民国の成立

練習問題

➡解答は別冊 p.14

❶ 日露戦争について，次の問いに答えなさい。

(1) 次の文を読んで，各問いに答えなさい。

> 帝国主義諸国による中国の分割に反発して，1900年，民間の宗教を信仰する人々を中心に［X］事件が起きた。［Y］とロシアを中心とする8か国の連合軍がこれを鎮圧したが，ロシアはその後も中国北東部の［Z］に軍隊を駐留した。

① Xにあてはまることばと，Yにあてはまる国の名を答えなさい。

X［　　　　］　Y［　　　　］

② Zにあてはまる地域を，下の**ア〜エ**から1つ選び，記号で答えなさい。

ア 満州　**イ** 台湾　**ウ** 香港　**エ** 南京

［　　］

(2) Xの事件後，1904年に起きた満州や韓国の支配をめぐる日本とロシアの争いを何というか答えなさい。

［　　　　］

❷ 年表を見て，次の問いに答えなさい。

(1) **年表**の**a**で初代韓国統監となった人物の名を答えなさい。

［　　　　］

年表

年	できごと
1905	日本が韓国に統監府を置く…**a**
1910	韓国が日本に併合される
1911	辛亥革命がおきる　…**b**

(2) **年表**の**b**の中心人物の名を答えなさい。

［　　　　］

8 日本の産業革命と文化の発展

なぜ学ぶの?

明治維新後の日本は，開国したことにより欧米諸国の技術を積極的に取り入れ，産業の近代化を進めたよ。文化においても，欧米の影響を受けた近代的な文化が生まれる一方，伝統的な日本の文化を見直す動きがあったことは興味深いね。

1 日本の産業革命により資本家が財閥へと成長

これが大事! 日本の産業革命は軽工業，重工業の順に進められた。

●**軽工業**の発展
1880年代後半〜
政府が工場を建設し，製糸・紡績業などが発展。

●**重工業**の発展
1900年代前半〜
北九州に官営の八幡製鉄所がつくられた。鉄鋼，造船などを中心に重工業が発達。

●**資本家**と労働者
資本家が金融・貿易・運輸など多角経営を行い財閥に成長。労働者が増加した。

2 欧米の文化を取り入れた日本文化が近代化の動き

●近代文学の発展
与謝野晶子…『みだれ髪』(短歌) など
樋口一葉…『たけくらべ』(小説) など
島崎藤村…『破戒』(小説) など，詩も多数
夏目漱石…『吾輩は猫である』(小説) など
森鷗外…『舞姫』(小説) など
石川啄木…『一握の砂』(歌集) など

▲与謝野晶子

▲樋口一葉

▲夏目漱石

▲森鷗外

●芸術の発展
・**フェノロサ**と**岡倉天心**が日本画の復興につとめる。
・日本画…**横山大観**　西洋画…**黒田清輝**　彫刻…**高村光雲**
・音楽…**滝廉太郎**「荒城の月」「花」

①日本の産業革命…軽工業から重工業へ
②近代文学…樋口一葉，夏目漱石，森鷗外
③近代の芸術…フェノロサ，横山大観，黒田清輝

練習問題

➡解答は別冊 p.14

❶ 次の文を読んで，下の問いに答えなさい。

日本の産業革命は，1880年代後半に，製糸や紡績といった［ a ］工業からはじまりました。製糸業では，日清戦争後に生糸生産の機械化が進み，外国への輸出も伸びました。紡績業では，次々に大工場が建設され，大量生産が可能になりました。
鉄鋼や造船などの［ b ］工業は 1900 年代前半から発展し，c官営の製鉄所も建設されました。

(1) a・bにあてはまることばを，それぞれ漢字１字で答えなさい。

a［　　］　b［　　］

(2) 1901年に北九州につくられた，下線部cの製鉄所の名を答えなさい。

［　　］

❷ 次の問いに答えなさい。

(1) 近代文学について，各問いに答えなさい。

① 小説『たけくらべ』を書いた人物の名を答えなさい。

［　　］

② 小説『吾輩は猫である』を書いた人物の名を答えなさい。

［　　］

(2) 岡倉天心とともに日本画の復興につとめたアメリカ人の名を答えなさい。

［　　］

昔の人なんか
知らないっ！

➡解答は別冊 p.15

おさらい問題

1 欧米で起きた市民革命について，次の文の①～③にあてはまるものを，下のア～エから1つずつ選び，それぞれ記号で答えなさい。

1688年イギリスで［①］が起こり，民意に反した国王を追放して権利章典を定めた。1775年にイギリスの植民地だったアメリカが独立を求めて［②］を起こし，翌年に独立宣言を発表した。1789年のフランスでは，民衆が立ち上がって［③］が起こり，自由・平等などをうたう人権宣言が発表された。

ア フランス革命　**イ** 産業革命　**ウ** 名誉革命　**エ** 独立戦争

①［　］　②［　］　③［　］

2 イギリスのアジア進出について，次の文のa～cにあてはまることばをそれぞれ答えなさい。

中国〔［a］〕でアヘンを吸う習慣が広まったため［a］がアヘンを厳しく取りしまると，イギリスは［b］を起こした。勝利したイギリスは［c］条約を結んで多額の賠償金を得るとともに香港を割譲させた。

a［　］　b［　］　c［　］

3 幕末から明治にかけての日本について，次の問いに答えなさい。

(1) ペリーが初めて来航した翌年，日本とアメリカとの間で結ばれた条約は何か答えなさい。

［　］

(2) 明治維新の三大改革に**あてはまらないもの**を，下の**ア〜エ**から1つ選び，記号で答えなさい。

ア 解放令　**イ** 学制の公布　**ウ** 徴兵令　**エ** 地租改正

(3) **資料1**のような官営模範工場をつくるなどして近代産業の育成をはかった政策を何というか答えなさい。

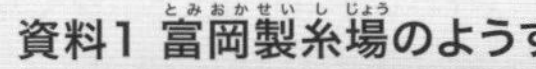

資料1 富岡製糸場のようす

(4) 大日本帝国憲法について，**資料2**を見て，下線部**X**があらわす内容にあてはまることばを，下の**ア〜ウ**から1つ選び，記号で答えなさい。

ア 絶対王政　**イ** 天皇主権

ウ 国民主権

資料2 大日本帝国憲法（抜粋）

X	第1条	大日本帝国ハ万世一系ノ天皇之ヲ統治ス
	第3条	天皇ハ神聖ニシテ侵スヘカラス
	第11条	天皇ハ陸海軍ヲ統帥ス

4 日清戦争・日露戦争について，年表のa〜cに入ることばをそれぞれ答えなさい。

a

b

c

年表

年	できごと
1894	日清戦争が起こる
1895	[a] が結ばれ，終戦 三国干渉により遼東半島を返還
1902	日本とイギリスの間で [b] を結ぶ
1904	日露戦争がはじまる
1905	[c] が結ばれ，終戦

おやつの時間だ！

1 第一次世界大戦

なぜ学ぶの?

植民地拡大の風潮を受け，ヨーロッパでは国どうしの対立が高まっていったんだ。その対立が，サラエボ事件をきっかけに第一次世界大戦へとつながっていったんだよ。この大戦は，初めての世界的規模の戦争なのでしっかりおさえておこう。

年	できごと
1914	**サラエボ事件**…オーストリア皇太子夫妻の暗殺。 オーストリアがセルビアに宣戦布告。 同盟国と連合国に分かれて**第一次世界大戦**がはじまる。

これが大事!

三国同盟と三国協商

三国同盟と三国協商の対立が大戦争に発展。

イギリス
ロシア
ドイツ
三国協商
オーストリア
フランス
サラエボ
三国同盟
イタリア
セルビア
バルカン半島
=
「ヨーロッパの火薬庫」

年	できごと
	日本は日英同盟を理由に連合国側で参戦。
1917	ロシア革命…レーニンが社会主義政府を樹立。
1918	ドイツが降伏。第一次世界大戦が終わる。
1919	**パリ講和会議**で**ベルサイユ条約**調印。 ドイツ⇒植民地放棄・軍備縮小・領土削減。 日本⇒中国のドイツ権益を継承。
1920	**国際連盟**の設立…世界平和と国際協調をめざす。 アメリカのウィルソン大統領の提案。

1917年にアメリカが連合国側に立って参戦すると，連合国が優勢になったんだ。

①第一次世界大戦…サラエボ事件がきっかけ，**三国同盟**と**三国協商**の対立が発展
②パリ講和会議…**ベルサイユ条約**

練習問題 ➡解答は別冊 p.16

❶ 第一次世界大戦について，次の文を読んで，あとの問いに答えなさい。

> 20世紀初めのヨーロッパでは，イギリスを中心とする三国協商とドイツを中心とする［ a ］が対立していた。とくにバルカン半島は，民族・宗教の対立が加わり「ヨーロッパの火薬庫」と呼ばれた。1914 年，バルカン半島のサラエボで，オーストリアの皇太子夫妻がセルビア人の青年に暗殺される事件がきっかけとなり，**b**第一次世界大戦がはじまった。日本は［ c ］を理由に連合国側に立って参戦した。

(1) **a**にあてはまることばを答えなさい。

(2) 下線部**b**に関して，各問いに答えなさい。

①下線部**b**のさなか，1917年に革命が起きた国を，下の**ア～エ**から1つ選び，記号で答えなさい。

ア ドイツ　**イ** 中国　**ウ** ロシア　**エ** フランス

②下線部**b**に関連する説明として**誤っているもの**を，下の**ア～ウ**から1つ選び，記号で答えなさい。

ア ベルサイユ条約が結ばれ，翌年ロンドンで講和会議が開かれた。
イ 戦後，日本は中国のドイツ権益を継承した。
ウ 戦後，世界平和を守るために国際連盟が設立された。

(3) **c**にあてはまることばを答えなさい。

2 大正デモクラシー

なぜ学ぶの?

大正時代にはさまざまな社会運動が広まったよ。なかでも，民主主義の実現を求める風潮を大正デモクラシーというんだ。この風潮は，現在の民主政治につながっていく政党内閣の成立や普通選挙法の制定に影響を与えたんだよ。

年	できごと
1913	**第一次護憲運動**で**藩閥**内閣が倒れる。 憲法の精神に基づき政党政治を行い，民意を反映。 **これが大事!** 大正時代には，民主主義の実現を求める大正デモクラシーが広まった。
1918	**米騒動**　シベリア出兵を見こした米の買いしめから，米の値段が上昇⇒全国で安売りを求める騒動が起きる **原敬**が初めての本格的な**政党内閣**を組閣。 ◀原敬 その後，ふたたび政党を無視した内閣が続く。
1924	護憲派が第二次護憲運動を起こす。 加藤高明が組閣…政党内閣の復活。
1925	**普通選挙法**の制定。満25歳以上の男子に選挙権を与える。 **治安維持法**の制定。社会主義，共産主義を取りしまる。

※藩閥内閣…旧薩摩藩や旧長州藩出身者による政治体制。

内閣

第一次護憲運動

※政党内閣…議会で多数を占める政党によってつくられた内閣。

内閣

●社会運動の高まり

・労働争議
…賃金の低下や失業者の増加に労働者が反発。

・小作争議
…農民が小作料引き下げを要求。

・女性運動…女性差別からの解放をめざす。

平塚らいてうらが青鞜社を結成。

▲平塚らいてう

青鞜社の宣言
元始，女性は実に太陽であった。真正の人であった。今，女性は月である。
（抜粋）

①**大正デモクラシー**…憲法の精神に基づいた政党政治を求める風潮
②本格的な**政党内閣**…**原敬**が初めて組閣
③**普通選挙法**…満25歳以上の男子に選挙権。同時に**治安維持法**も制定

練習問題 ➡解答は別冊 p.16

1 年表を見て，次の問いに答えなさい。

(1) 大正時代に広まった民主主義の実現を求める風潮を何というか，答えなさい。

年表

年	できごと	
1918	原敬内閣が成立する	……a
1924	第二次護憲運動が起こる	
1925	普通選挙法が制定される	……b
	あ が制定される	

(2) **年表**のaについての説明として**誤っているもの**を，下の**ア～ウ**から1つ選び，記号で答えなさい。

ア 旧薩摩藩や旧長州藩出身者による藩閥内閣であった。
イ 陸軍・海軍・外務大臣以外は，みな原敬を党首とする政党に属していた。
ウ 初めての本格的政党内閣だった。

(3) **年表**のbについて，各問いに答えなさい。

① 次の文の**X・Y**にあてはまる数字やことばの組み合わせとして正しいものを，下の**ア～エ**から1つ選び，記号で答えなさい。

> 選挙権を与えられたのは満 X 歳以上のすべての Y である。

ア X－25　Y－男女　　**イ** X－20　Y－男子
ウ X－20　Y－男女　　**エ** X－25　Y－男子

② bと同時期に制定された**年表**の**あ**にあてはまる法律の名を答えなさい。

3 世界恐慌

なぜ学ぶの?

アメリカで急激な不景気が発生し，世界恐慌が起こったよ。各国は落ち込んだ経済を立て直すために，それぞれ対策をしたんだけれど，この各国の経済対策がのちに第二次世界大戦へとつながっていくことになるんだ。

1 世界恐慌はこうやって発生した

第一次世界大戦後，アメリカが世界経済の中心になる。

株価の大暴落をきっかけに急激な不景気におちいる(1929年)。

不景気は世界中に広まり，**世界恐慌**に。

2 各国はこんな対策状況だった！

アメリカ

これが大事！ **ニューディール政策**
ルーズベルト大統領が主導。

・公共事業を積極的に行い，失業者を救済する。
・自国の産業を優先し，保護貿易を行う。

イギリス・フランス

これが大事！ **ブロック経済**

・本国と植民地などとの結びつきを強める。
・自国の経済圏をつくり，外国製品をしめ出す。

ドイツ・イタリア

国民の不満をあおり，領土を獲得して不景気解消をめざす。
⇒**ファシズム**が台頭し，軍国主義的な独裁政治が行われる。
・ドイツ…**ヒトラー**率いる**ナチス**。
・イタリア…ムッソリーニ率いるファシスト党。

日本

世界恐慌の影響により，労働争議，小作争議が増加。

ゼッタイ！これだけ

①**世界恐慌**…アメリカで急激な不況が発生
②各国の対策…**ニューディール政策**(アメリカ)，**ブロック経済**(イギリス・フランス)

練習問題 ➜解答は別冊 p.16

❶ 世界恐慌について，次の問いに答えなさい。

(1) 次の文を読んで，各問いに答えなさい。

> 世界恐慌に対し，アメリカ合衆国大統領［A］は［B］を，イギリス・フランスは［C］を行った。

① Aにあてはまる人物の名を答えなさい。

② B・Cにあてはまるものを，下の**ア〜エ**から1つずつ選び，それぞれ記号で答えなさい。

ア 帝国主義　　**イ** ニューディール政策
ウ ブロック経済　　**エ** デモクラシー

B　　C

(2) ドイツやイタリアで台頭した軍国主義的な独裁政治を何というか答えなさい。

(3) 世界恐慌の影響を受けた日本のようすとして正しいものを，下の**ア〜ウ**から1つ選び，記号で答えなさい。

ア 政党政治への期待が高まった。
イ 不景気を打開するため，国外進出を中断した。
ウ 労働争議や小作争議が相次いだ。

4 軍部の台頭と日中戦争

日本国内では，長びく不況や外交政策への不満から軍部が政治的発言力を強めたよ。そのことにより，満州事変や日中戦争が起こって，軍部が台頭していったんだ。日本が戦争へと進んでいく大きなきっかけになったんだね。

年	できごと
1931	**満州事変**が起こる…関東軍が南満州鉄道の線路を爆破し，軍事行動を起こす。
1932	**満州国**の建国…実権は日本が握る。
	五・一五事件が起こる。 海軍の青年将校らが犬養毅首相を暗殺。
1933	日本が国際連盟を脱退 ⇒国際社会から孤立。 満州国が認められなかったことを不服とする。
1936	**二・二六事件**が起こる。 陸軍の青年将校らが首相官邸などを占拠。
1937	**日中戦争**が始まる。 北京郊外で日中両軍が衝突。 首都南京を占領。 国民党の蔣介石と共産党の毛沢東が協力し，日本との戦争を続ける。 日中戦争は長期化へ（～1945年）。
1938	国家総動員法の公布。…国民の労働力や物資などを，議会の承認なく戦争にまわせるようにした法律。戦時体制が強化される。

◀犬養毅

これが大事! **軍国主義**の台頭

日本は戦争への道を進むことに。

①**五・一五事件**…犬養毅暗殺
②**二・二六事件**…陸軍の青年将校らが首相官邸などを占拠
③**日中戦争**…北京郊外で日中両軍が衝突して始まる

練習問題

➡解答は別冊 p.16

❶ 年表を見て，次の問いに答えなさい。

(1) 年表のa・b・dにあてはまることばをそれぞれ答えなさい。

a

b

d

年表

年	できごと
1931	関東軍(かんとうぐん)が南満州鉄道(みなみまんしゅうてつどう)の線路を爆破し，［ a ］が起こる
1932	［ b ］が建国される ［ c ］が起こる。海軍の青年将校らが犬養毅(いぬかいつよし)首相を暗殺する
1933	日本が［ d ］を脱退する
1936	［ e ］が起こる。陸軍の青年将校らが首相官邸などを占拠する
1937	［ f ］がはじまる

(2) 年表のc・eにあてはまるものを，下のア〜エから1つずつ選び，それぞれ記号で答えなさい。

ア 二(に)・二六(にろく)事件　イ 生麦(なまむぎ)事件　ウ 義和団(ぎわだん)事件　エ 五(ご)・一五(いちご)事件

c　e

(3) 年表のfにあてはまる，北京(ペキン)郊外での武力衝突をきっかけに始まった戦争の名を答えなさい。

5 第二次世界大戦と太平洋戦争

なぜ学ぶの？

ドイツが経済的な行き詰まりの末にポーランドに侵攻，ヨーロッパで第二次世界大戦が始まり，2年後に太平洋戦争が始まって世界規模の戦争に拡大していったんだ。第二次世界大戦の終戦はこの後の日本や世界に大きな変化をもたらしたよ。

年	できごと
1939	ドイツがポーランドに侵攻。**第二次世界大戦**が始まる。
1940	**日独伊三国同盟**を締結。
1941	アメリカが日本への石油輸出を禁止。 日本がハワイの真珠湾を攻撃， イギリス領マレー半島に上陸し， **太平洋戦争**が始まる。 開戦当初は，日本が優勢に戦いを進める。 ミッドウェー海戦の敗北（1942年）後， 戦局が悪化。
1943	イタリアが降伏。
1945	東京大空襲。（3月10日） アメリカ軍が沖縄に上陸。（4月1日） ドイツが降伏。（5月7日） アメリカが広島に**原子爆弾（原爆）**を投下。（8月6日） アメリカが長崎に原爆を投下。（8月9日） **ポツダム宣言**を受諾。日本が無条件降伏。（8月14日） 第二次世界大戦・太平洋戦争が終わる。

これが大事！

第二次世界大戦の構図

枢軸国	VS	連合国
日本 ドイツ――イタリア 〈日独伊三国同盟〉		アメリカ イギリス 中国 ソ連 など

太平洋戦争は，石油の輸出を禁止するアメリカやイギリス・オランダの経済封鎖に対抗してはじまったよ。

ゼッタイ！これだけ

①**第二次世界大戦**…ドイツがポーランドに侵攻して始まる

②**太平洋戦争**…日本が真珠湾を攻撃して始まる，アメリカが広島・長崎に**原子爆弾**を投下，日本は**ポツダム宣言**を受諾し，無条件降伏

練習問題

➡解答は別冊 p.17

❶ 年表を見て，次の問いに答えなさい。

(1) **年表**の**a〜d**にあてはまることばを答えなさい。

a

b

c

d

年表

年	できごと
1939	[a] がはじまる
1940	[b] が結ばれる
1941	日本がハワイの [c] を攻撃， [d] がはじまる
1945	[a]・[d] の終結

(2) **年表**の**a**のきっかけとなったできごととして正しいものを，下の**ア〜ウ**から1つ選び，記号で答えなさい。

ア ドイツがポーランドに侵攻(しんこう)した。

イ ドイツがソビエト連邦に侵攻した。

ウ 日本がインドシナに進出した。

(3) 次の文の**A・B**にあてはまることばをそれぞれ答えなさい。

> 1945年8月，広島と [A] に [B] が投下された。

A　　　B

(4) 1945年に日本に無条件降伏(むじょうけんこうふく)を求めて出された宣言(せんげん)を何というか答えなさい。

➡解答は別冊 p.17

おさらい問題

❶ 地図を見て，次の問いに答えなさい。

(1) 当時のバルカン半島は，列強と民族の対立が激しい地域であったことなどから，何と呼ばれていたか答えなさい。

地図　20世紀初めごろのヨーロッパの国際関係

(2) 三国同盟国が中心となった同盟国と，三国協商国が中心となった連合国が戦った戦争の名を答えなさい。

(3) (2) の戦争の講和条約の名を，下の**ア～ウ**から1つ選び，記号で答えなさい。

ア ポーツマス条約　　**イ** 南京条約　　**ウ** ベルサイユ条約

❷ 次の文を読んで，下の各問いに答えなさい。

1912年，憲法の精神に基づき，議会中心の政治を求める第一次［ a ］が起こり，藩閥内閣が倒れた。この時代の民主主義の実現を求める社会の動きや風潮を［ b ］という。その後，1918年には［ c ］が日本で初めての本格的な政党内閣を組閣し，政党政治が行われた。

(1) **a**･**b**にあてはまることばをそれぞれ答えなさい。

a　　**b**

(2) **c**にあてはまる人物の名を答えなさい。

❸ 次の文を読んで，A～Dにあてはまることばをそれぞれ答えなさい。

1929年，株価の大暴落(ぼうらく)をきっかけに［ A ］は急激な不景気におちいった。不景気は世界中に広まり［ B ］が発生した。この影響は日本にも及び，財閥(ざいばつ)や政党政治への不信感が高まるなか，1932年には，海軍の青年将校らが［ C ］首相を暗殺する五(ご)・一五(いちご)事件，1936年には二(に)・二六(にろく)事件が起こり，軍部の台頭は決定的となった。1937年には，［ D ］がはじまり，日本は首都の南京(ナンキン)を占領したが，戦いは長期化した。

A

B

C

D

❹ 資料を見て，次の問いに答えなさい。

(1) この当時のドイツを率いた人物の名を答えなさい。

資料　1940年前後における国際関係

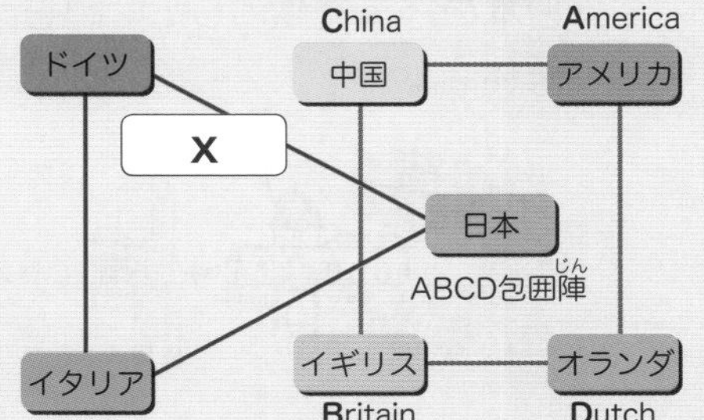

(2) xにあてはまる，ドイツ，イタリア，日本の3か国の同盟を何というか答えなさい。

(3) 日本を経済封鎖する4か国の包囲陣を打ち破ろうとして，日本が起こした戦争の名を答えなさい。

戦後日本の民主化

なぜ学ぶの？

日本は第二次世界大戦に負けて，連合国軍に占領されたよ。戦後，GHQの指令によって日本の民主化や新しい憲法の制定が進められたんだ。現代の選挙制度につながる選挙権の拡大が行われ，今の日本国憲法が制定されたんだよ。

これが大事！ **GHQ〔連合国軍最高司令官総司令部〕の最高司令官マッカーサーを中心に日本の民主化が進められた。**

◀マッカーサー

●政治の民主化

・政治活動や言論の自由

・選挙権の拡大（25歳以上の男子→満20歳以上の男女，女性にも選挙権）

●経済の民主化

・財閥解体

日本の経済を独占した財閥を解体。

・農地改革

政府が地主から土地を買い上げ，小作人に安く売りわたす。

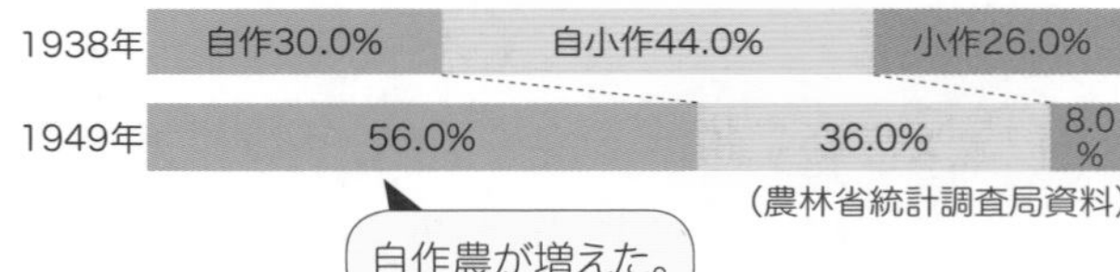

自作・小作別農家の割合

	自作	自小作	小作
1938年	自作30.0%	自小作44.0%	小作26.0%
1949年	56.0%	36.0%	8.0%

（農林省統計調査局資料）

自作農が増えた。

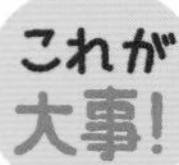

日本国憲法には3つの原則がある。（1946年11月3日公布。1947年5月3日施行。）

- **国民主権**…主権は国民にある。
- **基本的人権の尊重**…人が生まれながらにもっている権利を保障する。
- **平和主義**…軍隊をもたない，戦争をしない。

①戦後改革…政治の民主化　財閥解体，農地改革などによる経済の民主化

②日本国憲法…国民主権・基本的人権の尊重・平和主義

練習問題

➡解答は別冊 p.18

❶ 戦後の日本の民主化と憲法について，次の問いに答えなさい。

(1) GHQが進めた戦後処理や戦後改革の説明として正しいものを，下の**ア～ウ**から1つ選び，記号で答えなさい。

ア 政党の活動や言論の自由を制限した。
イ 財閥を解体した。
ウ 戦争の指導者や協力者を，公共の仕事につけた。

(2) 戦後の農地改革について，次の文の**A**にあてはまるものを，下の**ア～ウ**から1つ選び，記号で答えなさい。

> 政府が地主から土地を買い上げ，小作人に安く売ったため，多くの［ **A** ］が生まれた。

ア 自作農　**イ** 商人　**ウ** 財閥

(3) 政治の民主化によって，どのような人々に選挙権が与えられるようになったか，下の**ア～エ**から1つ選び，記号で答えなさい。

ア 満25歳以上の男子　**イ** 満20歳以上の男女
ウ 満25歳以上の男女　**エ** 満20歳以上の男子

(4) 大日本帝国憲法が改正されて，戦後新しく制定された憲法を何というか答えなさい。

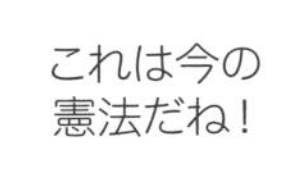

2 戦後の世界の動きと日本

第二次世界大戦後，アメリカを中心とする西側陣営と，ソ連を中心とする東側陣営が対立し，「冷たい戦争」と呼ばれたよ。そんな対立のなか，日本は連合国軍の占領から独立を回復するという大きなターニングポイントをむかえたんだ。

年	できごと
1945	**国際連合（国連）**が発足。 連合国51か国により設立。 資本主義諸国と社会主義諸国が対立。 **冷たい戦争（冷戦）**と呼ばれる。 ドイツは東西に分裂。
1949	毛沢東が率いる中国共産党が内戦に勝利。 **中華人民共和国**を建国。 アメリカが支援する蔣介石の国民党は台湾に逃れる。 蔣介石が率いる。アメリカが支援 → ×国民党 vs ○中国共産党 ← 毛沢東が主席。中国農民の強い支持
1950	**朝鮮戦争**が起こる。 アメリカ中心の国連軍が支援 → 韓国 vs 北朝鮮 ← 中国の義勇軍が支援 ➡1953年に休戦。
1951	**サンフランシスコ平和条約**に調印。 **日米安全保障条約**を締結。 アメリカ軍の日本駐留を認める。 日本はアメリカと同盟を結び，西側陣営の一員に。

これが大事!

第二次世界大戦後，東西対立が起こった。

西側 VS 東側

資本主義諸国 アメリカが中心 / 社会主義諸国 ソ連が中心

これが大事! サンフランシスコ平和条約で日本の独立が認められる

①戦後の世界の動き…冷たい戦争，中華人民共和国の建国，朝鮮戦争
②日本の動き…サンフランシスコ平和条約，日米安全保障条約

練習問題 ➡解答は別冊 p.18

❶ 戦後の世界の動きについて，次の問いに答えなさい。

(1) 1945年に連合国(れんごうこく)51か国で発足した国際的な組織を何というか答えなさい。

(2) アメリカとソ連の対立を中心とした，直接戦火を交えない対立を何というか答えなさい。

(3) 中国で共産党と国民党(こくみんとう)の内戦後，共産党政府が建国した国の名を答えなさい。

❷ 日本の国際社会への復帰について，次の問いに答えなさい。

(1) 日本の独立を認めた，1951年に結ばれた条約の名を答えなさい。

(2) (1) の条約と同日に結ばれた，アメリカとの条約の名を答えなさい。

条約がいろいろあって
混乱してきた！
なんかむかつく！！

3 高度経済成長と諸外国との関係

なぜ学ぶの?

日本は戦後，朝鮮戦争の特需景気を足がかりに高度経済成長を果たし，経済大国になったよ。外交では，ソ連や韓国，中国などとの関係を回復していったんだ。

年	できごと
1950年代半ば〜	朝鮮戦争の**特需景気**で，日本経済は第二次世界大戦前の水準に回復。
	高度経済成長期に。家電製品や自動車が普及。
1956	これが大事! **日ソ共同宣言**調印。ソ連との国交を回復。**日本の国際連合加盟が認められる。**
1964	東京オリンピック・パラリンピック開催。
1965	**日韓基本条約**調印。大韓民国〔韓国〕との国交を正常化。
1968	国民総生産〔GNP〕が資本主義国の中でアメリカに次いで第2位に。
1972	沖縄がアメリカより返還される。**日中共同声明**発表。中華人民共和国〔中国〕との国交を正常化。
1973	**石油危機**〔オイルショック〕高度経済成長の終わり⇒安定成長へ。
1978	**日中平和友好条約**調印。中国との友好関係を強化。
1990年代初め	バブル経済崩壊⇒平成不況へ。

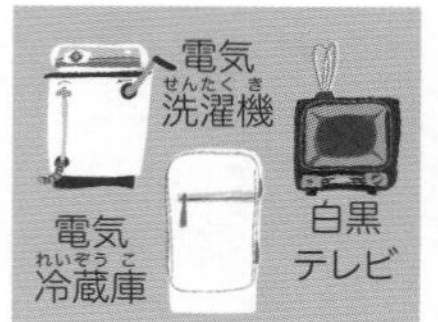

▲三種の神器（1950年代）

▲3C（1960年代後半）

▲東京オリンピック

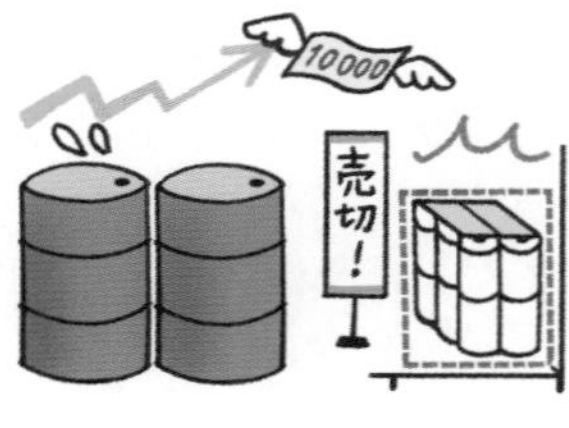

①戦後の日本経済…高度経済成長，石油危機が発生し安定成長へ，バブル崩壊

②日本の外交…日ソ共同宣言，国際連合加盟，日韓基本条約，日中平和友好条約

練習問題

➡解答は別冊 p.18

❶ 日本の経済成長について，次の問いに答えなさい。

(1) 1950年代半ばから約20年間続いた経済成長を何というか答えなさい。

(2) (1)が終わるきっかけとなった，第四次中東戦争によって起きた経済への打撃を何というか答えなさい。

❷ 日本と諸外国との関係について，次の問いに答えなさい。

(1) 1972年にアメリカから日本に返還された場所を，下の**ア～ウ**から1つ選び，記号で答えなさい。

ア 北方領土　　**イ** 沖縄　　**ウ** 小笠原諸島

(2) 1978年に結ばれ，日本と中国の友好関係を経済や文化面でも強化することになった条約を，下の**ア～ウ**から1つ選び，記号で答えなさい。

ア 下関条約　　**イ** 日中平和友好条約　　**ウ** 日中共同声明

条約みたいなの
やっぱり多いってば～！

4 冷戦の終結とこれからの世界

なぜ学ぶの?

1989年，アメリカとソ連があゆみより，冷戦（れいせん）が終わったよ。世界的な対立の構図は解消され，地域統合の動きも出てきたけれど，現代世界では地域紛争など新たな課題も出てきており，それぞれの改善に向けて考えていく必要があるよ。

年	できごと
1955	**アジア・アフリカ会議**が開かれる。 米ソからの中立を求める非同盟（ひどうめい）主義の立場。平和共存を訴える。
1965	**ベトナム戦争**が激化（〜75年）。 アメリカ軍が介入。世界各地で反戦運動が高まる。 中ソが支援 → ○北ベトナム vs ×南ベトナム ← アメリカが支援
1989	東ヨーロッパ諸国の民主化が進む。 **ベルリンの壁が崩壊。** マルタ会談にて米ソ首脳が**冷戦終結**を宣言。
1990	東西ドイツ統一。
1991	**ソ連解体**。ロシアやウクライナなどが独立。
1993	**ヨーロッパ連合（EU）**が発足。 ヨーロッパの地域統合をめざす。単一通貨ユーロの導入。
2001	**アメリカ同時多発テロ**が発生。

▲ベルリンの壁の崩壊

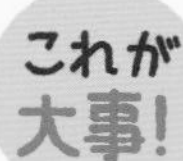

これが大事! 現代世界にはさまざまな課題がある。

●地域紛争・テロ

●地球温暖化

●南北問題…先進工業国と発展途上国の経済格差

①冷戦の終結…ベルリンの壁崩壊，ソ連解体
②冷戦終結後の世界…ヨーロッパ連合（EU）が発足，地域紛争・地球温暖化・南北問題などの世界的課題

練習問題 ➡解答は別冊 p.19

❶ 冷戦終結前後の国際社会について，次の問いに答えなさい。

(1) ベトナム戦争で，アメリカが支援したのはどちらか，下の**ア**・**イ**から選び，記号で答えなさい。

ア 北ベトナム　　**イ** 南ベトナム

(2) 1989年にベルリンの壁がこわされ，統一が進むきっかけとなった国を，下の**ア～エ**から1つ選び，記号で答えなさい。

ア 韓国　　**イ** ベトナム　　**ウ** ドイツ　　**エ** ソ連

(3) 1991年に解体された，東側諸国の中心であった国はどこか答えなさい。

❷ 現代世界の問題について，次の問いに答えなさい。

(1) 1993年に発足した，ヨーロッパの国々からなる地域統合をめざした組織をアルファベット2文字で答えなさい。

(2) 先進工業国と発展途上国間の経済格差の問題を何というか答えなさい。

➡解答は別冊 p.19

おさらい問題

❶ 次の文を読んで，あとの問いに答えなさい。

> 太平洋戦争の終結後，［ a ］（連合国軍最高司令官総司令部）の最高司令官［ b ］を中心に，日本の民主化が進められた。日本の経済を独占していた財閥が解体され，農村では農地改革が行われた。また，c日本国憲法が制定された。

(1) **a・b**にあてはまることばを，下の**ア〜エ**から1つずつ選び，それぞれ記号で答えなさい。

ア GHQ　　**イ** EU　　**ウ** ルーズベルト　　**エ** マッカーサー

a［　　　］　**b**［　　　］

(2) 下線部**c**の日本国憲法の三原則のうち，二度と戦争をしないための原則を何というか答えなさい。

［　　　　］

❷ 地図を見て，次の各問いに答えなさい。

(1) 緑で示された資本主義（西側）陣営と，ピンクで示された社会主義（東側）陣営の中心となる国の名を，それぞれ答えなさい。なお，東側陣営については2文字で答えなさい。

西側［　　　　］

東側［　　　　］

地図 第二次世界大戦後の東西対立

北大西洋条約機構（NATO）加盟国

ワルシャワ条約機構加盟国

(2) 東西対立によって，東西に分裂したヨーロッパの国の名を答えなさい。

［　　　　］

❸ 年表を見て，次の各問いに答えなさい。

年表

年	できごと
1950	朝鮮戦争が起こる
	[A] により経済が復興
1951	サンフランシスコ平和条約調印
	[B] 調印
1956	日ソ共同宣言調印
	[C] 加盟が認められる
1965	韓国との国交を正常化 ……X
1972	日中共同声明を発表
	中国との国交を正常化
1973	石油危機が起こり，約20年間
	続いた [D] が終わる
1989	冷戦終結 ……Y

(1) **年表のA・B**にあてはまることばを，下の**ア～エ**から1つずつ選び，それぞれ記号で答えなさい。

ア バブル景気
イ 特需景気
ウ 日英同盟
エ 日米安全保障条約

A [　　　　]

B [　　　　]

(2) **年表のC・D**にあてはまることばをそれぞれ答えなさい。

C [　　　　]　**D** [　　　　]

(3) **年表のX**の国交正常化のときに結んだ条約の名を答えなさい。

[　　　　]

(4) **年表のY**について，1989年11月，冷戦のシンボルともいえる，ドイツのあるものが市民によってこわされた。このときこわされたあるものとは何か答えなさい。

[　　　　]

まとめてチェック！

重要キーワード

この本にでてきた大切な用語を，テーマ別に手早くチェックできる！

▶政治の体制

律令国家	**律**（刑罰のきまり）と**令**（政治のきまり）によって治められる国家。
摂関政治	藤原氏が**摂政**や**関白**となって天皇にかわって行う政治。
院政	退位した天皇（上皇）が中心となって行う政治。
鎌倉幕府	**源頼朝**が鎌倉に開いた武家政権。
建武の新政	**鎌倉幕府**が滅びた後，後醍醐天皇が行った天皇中心の政治。
江戸幕府	**徳川家康**が江戸に開いた幕府で，260 年あまり続いた。
明治維新	日本を近代国家にする改革で，中央集権国家をめざした。

▶政治を動かした中心人物

聖徳太子（厩戸皇子）	**冠位十二階・十七条の憲法**を定めた。
藤原道長	政治の実権をにぎり，子の頼通とともに摂関政治の全盛期を築いた。
源頼朝	鎌倉に幕府を開き，1192 年に**征夷大将軍**に任命された。
足利義満	室町幕府３代将軍。南北朝を統一し勘合貿易を始めた。
織田信長	**安土城**を拠点に全国統一をめざしたが**本能寺の変**で自害した。
豊臣秀吉	天下統一を果たし関白となった。**太閤検地**や**刀狩**を行った。
徳川家康	**征夷大将軍**に任命され，江戸に幕府を開いた。

▶法令

十七条の憲法	**聖徳太子**が制定した役人の心がまえ。
大宝律令	唐の**律令**にならって制定された法。
御成敗式目	鎌倉時代に北条泰時が定めた，御家人の裁判の基準。

武家諸法度	江戸幕府の大名統制のための法。**参勤交代**も定められた。
五箇条の御誓文	明治政府が国内外に示した政治の基本方針。
大日本帝国憲法	天皇に主権があり軍隊の指揮権ももつ君主権の強い憲法。
日本国憲法	国民主権・基本的人権の尊重・平和主義を原則とする憲法。

▶国内の争乱

承久の乱	**後鳥羽上皇**が鎌倉幕府を倒そうとしておこした。
応仁の乱	室町幕府の将軍のあと継ぎ問題から始まり，約 11 年間続いた。
関ヶ原の戦い	**徳川家康**と**石田三成**が戦い，家康が勝利した。
島原・天草一揆	キリスト教徒への弾圧などに対し，**天草四郎**を大将におこした。
戊辰戦争	**王政復古の大号令**後の，旧幕府軍と新政府軍の戦い。
西南戦争	**西郷隆盛**が中心となって鹿児島でおこした士族最大の反乱。

▶外国との交流・貿易

遣隋使	**聖徳太子**が隋に派遣した使い。**小野妹子**など。
遣唐使	唐に派遣された使い。国際色豊かな**天平文化**の繁栄に貢献。
勘合(日明)貿易	倭寇の船と区別するために**勘合**を利用した明との貿易。
南蛮貿易	日本がスペインやポルトガルと行った貿易。
朱印船貿易	幕府が**朱印状**を発行して貿易の発展に力を入れた。
日米修好通商条約	5港を開いた。領事裁判権を認め関税自主権のない不平等条約。

▶外国との戦い

元寇	**文永の役**・**弘安の役**の2度にわたる元軍の襲来。
日清戦争	1894 年，日本と清の対立が戦争に発展。**下関条約**で終結。
日露戦争	1904 年，日露間におこり，1905 年**ポーツマス条約**で終結。
第一次世界大戦	1914 年，サラエボ事件をきっかけに，同盟国と連合国に分かれて始まった戦争。
日中戦争	1937 年，北京郊外で日中両軍が衝突したことをきっかけに始まった。

第二次世界大戦	1939年，ドイツのポーランド侵攻により始まった。
太平洋戦争	1941年，日本の真珠湾攻撃で始まり，1945年8月に終わる。

▶土地制度・税制

班田収授法	6歳以上の男女に**口分田**を与え，死ぬと返させるしくみの法。
墾田永年私財法	開墾した土地は永久に自分とその子孫のものにできるとした法。
太閤検地	**豊臣秀吉**の政策で，石高と土地の耕作者などを検地帳に記録。
地租改正	土地の所有者が地価の3％を現金で納める制度。
農地改革	政府が地主から土地を買い上げ，小作人に安く売りわたした。

▶産業

楽市・楽座	**織田信長**が**安土城**下で実施し，座の特権が廃止された。
株仲間	江戸時代に都市の大商人がつくった同業者組合。
殖産興業	政府が官営模範工場をつくるなど近代産業を育成。**富岡製糸場**など。
財閥解体	**GHQ**による改革。日本の産業や経済を独占した財閥の解体。

▶文化

飛鳥文化	日本最初の**仏教**文化。奈良盆地南部に栄えた。
天平文化	奈良時代の**国際色豊か**な仏教文化。貴族などを中心に栄えた。
国風文化	平安時代，遣唐使停止後発展した**日本風**の文化。
鎌倉文化	武士の気風にあった**力強い**文化。
桃山文化	**豪華で壮大**な文化。**姫路城**や**狩野永徳**の作品が有名。
元禄文化	**上方（京都・大阪）の町人**を担い手に栄えた文化。
化政文化	**江戸の町人**を中心とする文化。**錦絵**などが広まる。

とってもやさしい

中学歴史

これさえあれば

授業がわかる

改訂版

解答と解説

旺文社

1章 古代までの日本

1 人類の誕生と世界の四大文明

➡ 本冊 7ページ

❶ ①ウ　②イ

解説

旧石器時代は打製石器を使い，狩りや漁・採集の生活を始めました。
一方，**新石器時代**は磨製石器を使い，農耕や牧畜の生活を行っていました。ただし，日本の縄文時代では磨製石器を使いながら狩りや漁，採集中心の生活をしていました。
農耕や牧畜を始めたことにより，大河の流域で文明が栄え，国家の成立へとつながっていきます。

❷ (1) ①エジプト（文明）
②メソポタミア（文明）
③インダス（文明）
④中国（文明）

(2) ①エ　②イ　③ア　④ウ

解説

(1)(2) エジプト文明→**太陽暦**，メソポタミア文明→くさび形文字，インダス文明→モヘンジョ・ダロ，中国文明→甲骨文字
のように，各文明とその特徴をセットで覚えましょう。

2 ギリシャ・ローマの文明と宗教のおこり

➡ 本冊 9ページ

❶ ①イ　②エ　③ウ　④ア

解説

市民が参加する政治として，ギリシャでは民主政，**ローマ**では共和政が行われていました。

❷ 仏教…イ　キリスト教…ウ
イスラム教…ア

解説

仏教→インド・シャカ（釈迦），**キリスト教**→イエス・『聖書（新約聖書）』，**イスラム教**→ムハンマド・『コーラン』のように，各宗教と関連することがらをセットで覚えましょう。

3 縄文時代と弥生時代

➡ 本冊 11ページ

❶ (1)縄文時代…②，③
弥生時代…①，④

(2)鉄器

解説

(1)(2) ①の銅鐸などの青銅器と鉄器は，弥生時代に大陸から伝来しました。
③の土偶は縄文時代につくられました。
②の縄文土器の多くには縄目の文様がありますが，④の弥生土器では文様は少なくなっています。土器の表面を見て区別しましょう。

❷ ①むら　②国〔小国〕　③倭

解説

③紀元前後の日本には 100 余りの国があり，倭とよばれていました。「漢書」地理志や「後漢書」東夷伝，魏志倭人伝には倭のようすが記載されています。

4 卑弥呼と東アジアの国々

➡ 本冊 13ページ

❶ (1) 卑弥呼　(2) 邪馬台国

解説

(1)(2) 魏志倭人伝の中には，日本には邪馬台国という国があり，卑弥呼という女王が国を治めていたことが記されています。

❷ (1)前方後円墳　(2) 埴輪

(3) 大王　(4) 渡来人

解説

(1)(2) 大和政権が成立し，王や豪族の墓として古墳がつくられ，古墳の周りや頂上に埴輪が置かれました。
3世紀後半からは資料2のような前方後円墳

という大きな墓がつくられました。

(4) 6世紀ごろに朝鮮半島や大陸から日本に渡ってきて漢字や儒学，須恵器の製法などを伝えた人々を**渡来人**といいます。

おさらい問題

➡ 本冊 14・15ページ

❶ (1) ①中国文明　②メソポタミア文明　③エジプト文明　④インダス文明

(2) ①イ　②ウ　③ア　④エ

解説

(1) 世界の四大文明はすべて大河の流域で栄えました。

中国文明⇔黄河

メソポタミア文明⇔チグリス川・ユーフラテス川

エジプト文明⇔ナイル川

インダス文明⇔インダス川

のように，文明と河川の名前をセットで覚えましょう。

❷ ギリシャ文明…イ，ウ
ローマ文明…ア，エ

解説

ギリシャの都市国家では民主政が行われ，ローマでは共和政から帝政にかわったことは基本事項としておさえておきましょう。

パルテノン神殿はギリシャのアテネにあり，コロッセオはローマ帝国時代につくられました。

❸ シャカ〔釈迦〕…仏教
イエス…キリスト教

解説

世界の三大宗教についても開祖とセットで覚えましょう。

❹ (1) ①イ　②エ　(2) 青銅器

解説

(1) ①**縄文土器**は，表面に縄目のような文様があるものが多いことが名称の由来です。

②**弥生土器**は縄文土器と比べてうすくてかたいという特徴があります。

(2) **弥生時代**に大陸から伝わった金属器には青銅器と鉄器があります。青銅器は主に祭りのための宝物として使われました。

❺ ①邪馬台国　②卑弥呼
③大和政権　④大王

解説

③④**大和政権**は3世紀後半に成立後，勢力を広げていきました。王や豪族の墓として大きな**古墳**がさかんにつくられたので，この時代を**古墳時代**とよびます。

5 聖徳太子の政治と飛鳥文化

➡ 本冊 17ページ

❶ (1) 聖徳太子〔厩戸皇子〕

(2) 冠位十二階　(3) イ

解説

(1) 推古天皇のもとで**摂政**となった**聖徳太子**は，天皇中心の政治をめざしました。

❷ (1) ア，ウ　(2) 法隆寺

解説

(2) 現存する世界最古の木造建築は法隆寺であり，**聖徳太子**によって建てられました。釈迦三尊像や玉虫厨子などがあります。

6 奈良時代の生活と天平文化

➡ 本冊 19ページ

❶ (1) 中大兄皇子　(2) 班田収授法

(3) 墾田永年私財法

解説

(2) 与えられた口分田の面積に応じて租という税（稲）が課せられました。

(3) 人々には租以外にも庸（布），調（特産物など）の税や兵役の義務が課せられました。人口増加により口分田が不足してきたため，**墾田永年私財法**を制定し，開墾した土地の永久私有を認めました。

❷ (1) 東大寺　(2) 正倉院

解説

(1) 聖武天皇は仏教の力で国を守ろうとし，各地に国分寺と国分尼寺を建てました。都に総国分寺として東大寺を建て，大仏をおさめました。

7 摂関政治と藤原氏

➡ 本冊 21ページ

❶ (1) イ (2) a 仏教 b 律令

解説

(1) **ア** 桓武天皇は京都の平安京に都を移しました。
ウ墾田永年私財法を制定したのは聖武天皇です。
エ冠位十二階を制定したのは聖徳太子です。

(2) 奈良時代中ごろから貴族や僧の勢力争いが激化し，桓武天皇は平安京に都を移すときに仏教勢力を退けました。そして律令制の立て直しをはかりました。

❷ (1) a 摂政 b 関白 (2) ウ

解説

(1) 幼い天皇にかわって政治をするのが**摂政**，成人した天皇を補佐して政治をするのが**関白**，**摂政**や**関白**の職を独占して行う政治が**摂関政治**です。

(2) **ウ**中大兄皇子が蘇我氏の勢力を倒して，大化の改新を行ったのは7世紀中ごろの飛鳥時代なので誤りです。

8 平安時代の文化

➡ 本冊 23ページ

❶ (1) a ア b カ c エ d ウ e イ

(2) 浄土信仰

解説

(1) 空海→真言宗→金剛峯寺（高野山），
最澄→天台宗→延暦寺（比叡山）の関係をおさえておきましょう。
二人とも遣唐使とともに唐に渡り，帰国後，新しい仏教の宗派を日本に伝えました。

(2) 念仏を唱え，阿弥陀仏にすがって，死後極楽浄土に生まれ変わることを願う信仰は浄土信仰です。浄土信仰が広まると各地に阿弥陀堂がつくられました。
京都の宇治に建てられたのは**平等院鳳凰堂**です。

❷ イ

解説

仏教の影響が強く，**国際色が豊か**なのは飛鳥文化や天平文化です。

おさらい問題

➡ 本冊 24・25ページ

❶ (1) ①天皇 ②b エ c ア

(2) 飛鳥文化

解説

(1) ① 聖徳太子は天皇を中心とする政治制度の整備を進めました。
②有能な人材を役人にとりたてるために定めた制度が冠位十二階です。十七条の憲法では仏教や儒学の考え方を取り入れ役人の心がまえを示しました。

❷ (1) 正倉院

(2) ①イ ②ウ（順不同）

解説

(1) **正倉院**には聖武天皇の日用品や宝物などが数多くおさめられています。断面が三角形の木材を組み合わせた校倉造でつくられています。

(2) 天平文化は遣唐使などがもたらした唐の文化と仏教の影響を強く受けています。シルクロードを通ってインドや西アジアから運ばれてきたものもあり，国際色が豊かなことが特徴の一つです。

❸ (1) 藤原道長 (2) a エ b ア

(3) 菅原道真

解説

(1) 11世紀前半の藤原道長・頼通父子のときに藤原氏は全盛期をむかえました。

(2) 天皇が幼少のときに天皇にかわり政治を行うのが**摂政**，天皇が成人になってからも天皇を補佐して政治を行うのが**関白**です。しっかり覚えましょう。

(3) 藤原氏は次々に有力貴族を退けて権力をにぎりますが，**遣唐使の停止**を進言した菅原道真も藤原氏によって退けられました。

❹ (1)『源氏物語』…紫式部
『枕草子』…清少納言

(2) 寝殿造

解説

(2) 有力貴族は日本風のつくりの寝殿造の屋敷に住みました。へいで囲まれた敷地の中央に寝殿を配置し，さまざまな建物がろうかで結ばれたつくりの屋敷のことをいいます。

2章 中世の日本

1 武士の台頭と鎌倉幕府

➡ 本冊 27ページ

❶ (1) A 院政　B 平清盛　C 平（氏）
D 源頼朝

(2) 日宋貿易　(3) ウ　(4) ア

解説

(1) B・C・D武士として初めて**太政大臣**になったのは平清盛です。平氏が政治の実権を握りましたが，その後，源氏が**壇ノ浦の戦い**で平氏を破り，源頼朝が鎌倉幕府を開きました。

(2) 平清盛が宋と行った貿易を，日宋貿易といいます。

(3) 幕府を倒そうとして承久の乱を起こしたのは**ウ**の後鳥羽上皇です。**ア**の北条政子は源頼朝の妻で，実家の北条氏は源氏の将軍家断絶後に執権として鎌倉幕府の実権をにぎりました。**イ**の源義経は，源頼朝の弟で，源平の合戦では次々に平氏を打ち破りました。

2 鎌倉時代の文化と仏教

➡ 本冊 29ページ

❶ (1) 鴨長明　(2) 新古今和歌集

(3) 金剛力士像

解説

(1) 鴨長明が書いた『方丈記』は，吉田兼好の『徒然草』とともに鎌倉文化を代表する随筆です。

(3) 東大寺南大門には，運慶らによってつくられた2体の金剛力士像があります。

❷ (1) ア　(2) 一遍

解説

(1) **イ**の**曹洞宗**は道元により伝えられました。**ウ**の浄土宗は法然により，エの日蓮宗は日蓮により開かれました。

3 ユーラシアの動きと元寇

➡ 本冊 31ページ

❶ (1) モンゴル帝国　(2) チンギス・ハン

解説

(1)(2) モンゴル民族を統一したチンギス・ハンが建国したモンゴル帝国は，ユーラシア大陸の東西にまたがる大帝国に成長しました。

❷ (1) 元寇　(2) 北条時宗

(3) aイ　bウ

解説

(1)(2) モンゴル帝国（元）の皇帝フビライ・ハンは日本に対して服属するよう要求しましたが，執権北条時宗が拒否したため，元軍は2度にわたり日本に襲来しました。

(3) 日本の武士が1対1で戦う一騎打ちの戦法をとったのに対し，元軍は集団戦法をとり，火薬を用いた武器で御家人たちを苦しめました。

4 南北朝の動乱と室町幕府

➡ 本冊 33ページ

❶ (1) ①足利尊氏　②室町
③勘合〔日明〕(貿易)

(2) ウ

解説

(1) ①②3代将軍足利義満が京都の室町に幕府を移したため，足利尊氏が開いた幕府を室町幕府と呼んでいます。
③倭寇の船と区別するため勘合という合い札を利用したので，勘合貿易と呼ばれます。

(2) 勘合貿易は中国の明と行ったため日明貿易ともいいます。

❷ (1) ウ　(2) 守護

解説

(1) ウの管領が，室町幕府で将軍の補佐役として置かれた役職です。イの執権は，鎌倉時代に将軍の補佐役として置かれた役職です。間違えないよう注意しましょう。アの摂政は，天皇が女性や幼少のときに天皇にかわって政治を行う役職です。エの関白は，成人した天皇を補佐して政治を行う役職です。

(2) 室町幕府のしくみでは，守護は地頭を配下に従えたため大きな力をもつようになりました。

5 室町時代の文化

➡ 本冊 35ページ

❶ (1) ①金閣　②足利義満

(2) ①A 銀閣　B 書院（造）　②エ

(3) 雪舟

解説

(1) ①②金閣は足利義満により，京都の北山の別荘に建てられました。貴族と武士の屋敷の様式を合わせたつくりが特徴です。

(2) ①足利義政が京都の東山に建てたのは銀閣です。足利義満・金閣・北山文化，足利義政・銀閣・東山文化のようにセットで覚えましょう。銀閣と同じ敷地に建てられた東求堂同仁斎は，畳が敷かれ，床の間が設けられた書院造の代表的な建物です。
②エの禅宗は，武士の気風によく合うことから幕府の保護を受け，東山文化に影響を与えました。アの一向宗，イの浄土宗，ウの時宗は民衆や地方の武士などの間に広まりました。

6 応仁の乱と戦国大名

➡ 本冊 37ページ

❶ (1) ①応仁（の乱）　②ウ

(2) 下剋上　(3) 戦国（時代）　(4) エ

解説

(1) 応仁の乱は，室町幕府8代将軍足利義政のあとつぎをめぐり有力守護大名の細川氏と山名氏との間で争いがおき，各地に戦乱が広がりました。

(2)(3)(4) 応仁の乱により幕府の権力が衰えると下剋上の風潮が高まり，各地に戦国大名が登場します。応仁の乱は戦国時代がはじまるきっかけとなりました。

おさらい問題

➡ 本冊 38・39ページ

❶ (1) ①ウ　②源頼朝
③c ア　d ウ
(2) 執権

解説

(1) ①源義経らの活躍で平氏が滅ぼされたのは**壇ノ浦の戦い**です。
アの平将門の乱は，10世紀中ごろに関東地方で起きた武士の反乱です。**イ**の大化の改新は，7世紀に中大兄皇子らが天皇中心の政治をめざし，豪族の蘇我氏を倒して行った政治改革のことをいいます。
②③平氏を滅ぼした源頼朝は，国ごとに守護を，荘園と公領ごとに地頭を置き，全国の支配を進めました。1192年には**征夷大将軍**になり，武士の政権を打ち立てました。

(2) 源氏の将軍が3代で終わった後，北条氏が実権をにぎり，執権政治を行いました。

❷ (1) 建武の新政　(2) 足利義満

解説

(1) 後醍醐天皇は，武士の政治に対して天皇中心の政治をめざしました。鎌倉幕府を倒した後，元号を建武と改めたため，後醍醐天皇の政治を建武の新政といいます。

(2) 室町幕府の3代将軍足利義満が南北朝を統一し，南北朝時代は終わりました。

❸ (1) 武士　(2) 平家物語
(3) ①書院（造）　②東山文化

解説

(1) 鎌倉時代には新たな支配者となった武士の気風に合う文化が栄えました。

(3) イラストの東求堂同仁斎は代表的な書院造の部屋です。東求堂は足利義政が京都の東山に建てた銀閣と同じ敷地内にあり，東山文化を代表する建物です。

❹ (1) 応仁の乱　(2) a イ　b エ　c オ

解説

(1)(2) 応仁の乱は11年間続き，戦国時代につながります。応仁の乱の後には，実力のある者が上の身分の者にうち勝つ下剋上の風潮が広がり，各地に戦国大名が登場しました。戦国大名は領国内だけで通用する**分国法**を定め，領国を治めました。

3章

近世の日本

1 ヨーロッパの動きと世界

➡ 本冊 41ページ

❶ (1) B　(2) コロンブス　(3) A

(4) バスコ・ダ・ガマ

(5) ポルトガル・スペイン（順不同）

解説

(1) フィリピンをへて，世界を一周している航路がマゼラン一行の航路です。

(2)(3) 北米大陸東岸（西インド諸島）に到達したAがコロンブスの航路です。

(4) アフリカ大陸南端をまわってインドに到達したのはバスコ・ダ・ガマです。

(5) ポルトガルやスペインはそれまで西アジアのイスラム商人が仲介していた香辛料を直接手に入れようとし，新航路の開拓に取り組みました。

2 キリスト教と鉄砲の伝来

➡ 本冊 43ページ

❶ (1) A ルター　B イエズス会

(2) フランシスコ・ザビエル　(3) ウ

解説

(3) スペイン・ポルトガルと行った南蛮貿易では，日本は鉄砲・火薬・生糸などを輸入し，銀を輸出していました。

❷ a イ　b ウ

解説

1543年，ポルトガル人によって，日本にはじめて鉄砲が伝えられました。鉄砲は遠くから攻撃できることから，足軽を鉄砲隊として組織する戦い方に変わっていきました。

3 織田信長の時代

➡ 本冊 45ページ

❶ (1) ①ウ　②イ　③ア　(2) B

(3) 楽市・楽座　(4) 明智光秀

解説

(3) 織田信長は，商工業を発展させるために商人や手工業者の同業者団体である座が持つ特権を廃止し，税をなくす政策を行いました。このことを**楽市・楽座**といいます。

(4) 信長は，京都の本能寺に宿泊していたときに，家来の明智光秀に攻められ自害しました。

4 豊臣秀吉の時代

➡ 本冊 47ページ

❶ (1) 兵農分離　(2) 刀狩

(3) 太閤検地　(4) a イ　b ウ

解説

(1)(2) 豊臣秀吉は，一揆などを防ぐために，農民から武器を取り上げる刀狩を行いました。秀吉は刀狩を行うことで農民の立場を，武士とは異なるものとして明確に区別しました。このことを兵農分離といいます。

(3) 秀吉は，全国の田畑の面積やよしあしなどを調べ，予想される収穫高を石高であらわし，その土地の耕作者などとあわせて検地帳に記録しました。秀吉は，関白の地位を退いた後，「太閤」と呼ばれたことからこの名があります。

おさらい問題

➡ 本冊 48・49ページ

❶ (1) A コロンブス　B マゼラン
C バスコ・ダ・ガマ

(2) a ア　b エ

解説

(1) Aの，アメリカ大陸に近い西インド諸島に到達したのはコロンブスです。

Bの，世界一周を達成したのはマゼラン船隊です。南アメリカの南端を通り，フィリピンに到達しました。マゼランはそこで亡くなりましたが，部下が世界一周を果たしました。

Cの，アフリカ大陸南端の喜望峰をまわってインドに到達したのはバスコ・ダ・ガマです。

(2) 当時のヨーロッパでは，肉の保存や調理に必要な香辛料などのアジアの物産が人気でしたが，イスラム商人から入手していたため高価でした。そこで，ポルトガルやスペインは，アジアから直接入手するため新航路を開拓しました。

❷ a イエズス会
b フランシスコ・ザビエル

解説

ドイツ人ルターの**宗教改革**に対して，カトリック教会では**イエズス会**が中心になり立て直しを行い，キリスト教を広めるため宣教師をアジアやアメリカ大陸に派遣しました。宣教師フランシスコ・ザビエルは1549年，鹿児島に上陸し，日本で布教活動をはじめました。

❸ a 長篠　b 鉄砲

解説

織田信長が鉄砲隊を効果的に使って武田勝頼の騎馬隊を打ち破った長篠の戦いは，今川氏を破った桶狭間の戦いと合わせて覚えておきましょう。

❹ (1) ①明智光秀　②大阪城　③刀狩

(2) a イ　b ウ

解説

(1) ①豊臣秀吉は，本能寺の変で織田信長を自害に追い込んだ明智光秀を討ちました。

②**大阪城**は，信長の**安土城**とともに桃山文化を代表する壮大な城の一つです。

③兵農分離を進めた刀狩は，太閤検地とともに秀吉が行った重要な政策です。

(2) 太閤検地では，収穫高を米の体積である石高であらわし，全国の土地を画一的な基準で把握しました。**ア**の租は，律令制における稲をおさめる税，**エ**のますは，太閤検地で大きさが全国的に統一され，石高をはかるときに用いられました。

5 桃山文化

➡ 本冊 51ページ

❶ (1) 桃山文化　(2) ウ

(3) B イ　C ア

解説

(1) 織田信長と豊臣秀吉が全国統一を進めた時代を安土桃山時代といい，その時代の文化を桃山文化といいます。支配者となった戦国大名の富や権力をあらわす豪華で壮大な文化です。

(3) 千利休は，室町時代に生まれた茶の湯を**わび茶**として大成しました。

❷ a ポルトガル　b 南蛮

解説

ポルトガル人やスペイン人は南蛮人と呼ばれました。ポルトガル人やスペイン人との南蛮貿易などにより日本に伝えられた文化を南蛮文化といいます。

6 江戸幕府の成立

➡ 本冊 53ページ

❶ (1) 関ヶ原の戦い　(2) 武家諸法度

(3) ①徳川家光　② a 大名　b 江戸

解説

(1) 関ヶ原の戦いで徳川家康が勝利し，征夷大将軍に任命されました。

(2) 江戸幕府は武家諸法度を制定し，城の新築の禁止，結婚の許可制などを示し，大名を取りしまりました。

(3) 3代将軍徳川家光によって制度化された参勤交代は，大名にとって重い経済的負担となりました。

7 江戸幕府の外交

➡ 本冊 55ページ

❶ (1) イ　(2) ①イ　②キリスト教

(3) 出島　(4) 鎖国

解説

(1) 朱印船貿易とは，江戸幕府から与えられた**朱**

印状という貿易許可証をもつ船が行った貿易のことです。朱印船貿易は東南アジアでさかんに行われ，日本町ができるところもありました。

(2) キリスト教徒への弾圧と領主の圧政に反発し，天草四郎(益田時貞)という少年を大将として九州で起きたのが島原・天草一揆です。

(3) (4) スペイン船の来航禁止（1624年）に続いてポルトガル船の来航が禁止され（1639年），平戸のオランダ商館を長崎の出島に移して（1641年），鎖国体制が完成しました。ただし，鎖国後もオランダ・中国との貿易は継続し，朝鮮や琉球とは交流が保たれていました。

8 産業と都市・交通の発達

➡ 本冊 57ページ

❶ aア　bイ　cエ

解説

アの備中ぐわは，江戸時代に改良された，土地をたがやす農具です。

イの干鰯とウの油かすは，どちらも江戸時代に開発された肥料です。干鰯はいわしを原料とする肥料です。油かすは菜種油などのしぼりかすを肥料に用いたものです。

エの商品作物とは，はじめから売って現金にすることを目的に栽培された作物です。わたや菜種などのほかに，べにばなやあいなども栽培され，それを材料にした手工業も発達しました。

❷ Aイ・京都　Bウ・江戸　Cア・大阪

解説

江戸時代に三都と呼ばれたのは，江戸，大阪，京都です。

ウの江戸を起点として五街道が整備され，街道の行き来がさかんになりました。海上路も整備され，港町や宿場町，門前町などの都市が発達しました。

アの大阪は，江戸時代，商業の中心地で「天下の台所」と呼ばれました。諸藩の蔵屋敷が立ち並び，全国から米や各地の特産物が運ばれました。

おさらい問題

➡ 本冊 58・59ページ

❶ (1) 姫路城　(2) イ

解説

(1) (2) 姫路城はその外観から白鷺城とも呼ばれる美しい城です。高くそびえる天守閣が特徴です。

❷ (1) 大名…イ　朝廷…エ　(2) 幕藩体制

解説

(1) イの武家諸法度は，大名が幕府の許可なく城を修理したり，大名同士が無断で縁組することを禁じました。守らない大名に対しては領地を減らしたり，家を取りつぶしたりするなどの処分をしました。エの禁中並公家諸法度は，江戸幕府が朝廷を取りしまるために定めたものです。アの御成敗式目は鎌倉幕府の執権北条泰時が定めたもので，御家人に裁判の基準を示しました。ウの十七条の憲法は，聖徳太子が役人の心がまえを示したものです。

❸ (1) a 朱印船貿易
b 日本町
(2) 天草四郎〔益田時貞〕

解説

(1) 徳川家康は，貿易許可証である朱印状を発行したため，このころの貿易は朱印船貿易と呼ばれています。

(2) 島原・天草一揆はキリスト教徒への弾圧と領主の圧政に反発し，天草四郎〔益田時貞〕という少年を大将として起こったものです。

❹ (1) 赤色…五街道　A…東海道
(2) ア

解説

(1) 幕府は，江戸と京都を結ぶAの東海道，中山道，甲州道中，日光道中，奥州道中の五街道などの交通路を整備しました。これらの街道によって全国が結ばれ，参勤交代や物流などが便利になりました。

(2) 大阪は全国から物資が集まる商業都市として栄え，各藩の蔵屋敷が置かれました。

9 元禄文化

➡ 本冊 61ページ

❶ (1) A ア　B エ

(2) ①ア　②エ　③ウ　(3) 菱川師宣

(4) 朱子学

解説

(1) 17世紀末から18世紀はじめにかけての元禄時代には，経済力をつけた京都や大阪の町人がにない手となり，元禄文化が栄えました。

(3) **資料**の絵は『見返り美人図』で，菱川師宣が描いたものです。菱川師宣は町人の風俗を題材にした浮世絵を描きました。

(4) 江戸幕府が重んじていた学問は儒学です。**徳川綱吉**は儒学のなかでも身分や秩序を重んじる朱子学を重視しました。

10 享保の改革・田沼の政治・寛政の改革

➡ 本冊 63ページ

❶ (1) A 徳川吉宗　B 松平定信

(2) 田沼意次　(3) 上げ米の制

(4) a ア　b エ

解説

(1) 18世紀には，悪化した幕府の財政を立て直すために政治改革が行われました。そのうち，8代将軍徳川吉宗が行ったのが享保の改革，老中 松平定信が行ったのが寛政の改革です。

(2) 徳川吉宗や松平定信が，質素・倹約を奨励するなどして幕府の財政を立て直そうとしたのに対し，老中田沼意次は，株仲間や長崎貿易を奨励し，商人の力を利用して，財政の立て直しをはかりました。しかし，わいろが横行して政治が乱れ，天明のききんなどにより社会が混乱したため失脚しました。

(4) 老中松平定信は，朱子学以外の学問を禁止し，民衆には厳しく倹約を求める一方，旗本・御家人の借金を帳消しにするなどしたため，民衆からの批判をうけ改革は失敗に終わりました。

11 天保の改革

➡ 本冊 65ページ

❶ (1) ① A 異国船打払令
〔外国船打払令〕
C 水野忠邦
②大塩平八郎の乱〔大塩の乱〕

(2) ウ・エ（順不同）　(3) a イ　b エ

解説

(1) ②大塩平八郎が乱を起こす数年前に天保のききんが発生し，餓死する者も多数出ました。大塩は生活に苦しむ人々を助けようと大商人を襲い，米やお金を分けようとしました。

(2) 天保の改革では，**ウ**の株仲間の解散や，**エ**の農民の江戸への出かせぎを禁止するなどの政策が行われました。**ア**の**目安箱**を設置したのは徳川吉宗の享保の改革，**イ**の旗本・御家人の借金を帳消しにしたのは松平定信の寛政の改革です。

(3) 水野忠邦は，幕府の直轄地を拡大しようとしましたが，大名や旗本の反対にあい失脚し，天保の改革は2年あまりで失敗に終わりました。

12 新しい学問と化政文化

➡ 本冊 67ページ

❶ (1) ウ　(2) a 蘭学　b 杉田玄白

(3) ①錦絵　②イ

解説

(1) 日本古来の精神を研究する学問である国学を大成したのは**ウ**の本居宣長です。**ア**の**小林一茶**は，素朴な俳諧をよんだことで知られています。**イ**の伊能忠敬は，測量により正確な日本地図を作成しました。

(2) 杉田玄白らは，ヨーロッパの人体解剖書を翻訳して『**解体新書**』を出版し，蘭学の基礎を築きました。

(3) ②**イ**の歌川広重や**ア**の葛飾北斎は風景画を得意としました。**資料**の『東海道五十三次』は広重の代表作です。**ウ**の喜多川歌麿は美人画を得意としました。

おさらい問題

→ 本冊 68・69ページ

❶ (1) 元禄文化…ウ　化政文化…エ

(2) a イ　b ウ

(3) ①葛飾北斎　②喜多川歌麿

解説

(1) 元禄文化は**ウ**の上方（京都・大阪）の町人が発展させたのに対して，化政文化は，**エ**の江戸の町人がにない手となりました。間違えないようにしましょう。**ア**は，織田信長や豊臣秀吉の時代に栄えた桃山文化の特徴です。**イ**は，**ア**と同じ頃に栄えた南蛮文化の特徴です。ポルトガルやスペインの商人や宣教師によって伝えられました。

(2) 江戸初期に俵屋宗達がはじめた**装飾画**は，元禄時代に**ウ**の尾形光琳が大成しました。代表作には『燕子花図屏風』などがあります。**ア**の浮世絵は，菱川師宣によって確立されました。**エ**の近松門左衛門は**人形浄瑠璃**や歌舞伎の脚本を書きました。

(3) 多色刷りの版画のことを**錦絵**といいます。**資料**は葛飾北斎の代表作『富嶽三十六景』のうちの1つで，世界的に有名な作品です。葛飾北斎は風景画を得意としました。美人画を得意としたのは喜多川歌麿です。

❷ (1) ア　(2) ①寛政の改革　②エ

(3) 異国船打払令〔外国船打払令〕

(4) 大塩平八郎の乱〔大塩の乱〕

解説

(1) 8代将軍徳川吉宗が享保の改革を行いました。質素・倹約を奨励し，上げ米の制を定めて諸藩に米をおさめさせるなど，幕府の財政立て直しをはかりました。また，公事方御定書の制定，**目安箱**の設置などの政治改革を行いました。**ア**の株仲間を解散したのは天保の改革を行った老中水野忠邦です。

(2) 老中松平定信が行った改革は寛政の改革です。天明のききんで荒れた農村の立て直しをはかったほか，旗本や御家人の借金を帳消しにするなどの政策を行いました。**ア・ウ**は徳川吉宗の，**イ**は老中田沼意次の政策です。

(3) 18世紀末ごろから日本近海に外国船がしばしばあらわれ，開国をせまりました。それに対して幕府は異国船〔外国船〕打払令を出し，鎖国を守ろうとしました。

4章 近代日本の歩みと世界

1 市民革命と産業革命

➡ 本冊 71ページ

❶ (1) 市民革命　(2) 産業革命
(3) 蒸気機関　(4) アメリカ
(5) 人権宣言

解説

(1) 国王が絶対的な権力をもつ絶対王政に対して市民が反発し，イギリスで**名誉革命**，フランスで**フランス革命**などの**市民革命**が起こりました。

(2) イギリスの綿工業からはじまった産業と社会の大きな変化は**産業革命**です。
産業革命によって，イギリスは**「世界の工場」**と呼ばれました。

(3) **蒸気機関**で動く機械が使われはじめて，綿織物は安く大量に生産されるようになりました。

(4) アメリカのイギリスからの独立戦争は1775年に起こりました。翌年，**独立宣言**が発表され，1783年に独立を達成，1787年に合衆国憲法が制定されました。

(5) 1789年にフランス革命が起こると，国民議会は自由・平等，人民主権，言論の自由などをうたった**人権宣言**を発表しました。その後，1792年に王政を廃止して共和制が開始されました。

2 欧米諸国のアジア進出

➡ 本冊 73ページ

❶ (1) ①イ　②アヘン戦争　③ア
(2) インド大反乱

解説

(1) ②イギリスが清にインド産の**アヘン**を輸入させ，**アヘン戦争**が起こりました。
③**アヘン戦争**に負けたことで清はイギリスと**南京条約**を結び，5港を開港，香港はイギリス領となりました。本国は植民地にはなりませんでした。

(2) A国はインド。イギリスがインドに大量の安い綿織物を輸出→インドの綿工業に打撃→インドはイギリスの進出に反発→**インド大反乱**が起こりました。

3 ペリー来航と江戸幕府の滅亡

➡ 本冊 75ページ

❶ (1) a ア・エ(順不同)　b イ・ウ(順不同)
(2) 井伊直弼　(3) 薩長同盟
(4) 大政奉還　(5) 戊辰

解説

(3) 薩摩藩・長州藩とも外国の力を知り，攘夷から**倒幕**へと政策を転換しました。
薩摩藩の西郷隆盛と長州藩の木戸孝允により，土佐藩出身の坂本龍馬らの仲立ちで**薩長同盟**が締結されました。

(4) (5) **大政奉還→王政復古の大号令→戊辰戦争**という流れをおさえましょう。

4 明治維新

➡ 本冊 77ページ

❶ (1) 五箇条の御誓文　(2) a エ　b イ

解説

(1) 新政府は**五箇条の御誓文**を発表し，内外に政治の基本方針を示し，元号を明治として，政府が全国を直接治める中央集権国家づくりを進めました。

(2) **ア**の公地・公民は，土地と人民をすべて国家のものとする制度のことです。**ウ**の**王政復古の大号令**は，1867年に発表された天皇中心の政治を行うという明治天皇の宣言のことをいいます。

❷ (1) 徴兵令　(2) 地租改正

解説

(2) **地租改正**により政府の財政は安定しましたが，農民の税負担はほとんど変わらなかったことから，各地で反対の一揆がたて続けに起こりました。このため，1877年に地租は地価の2.5%に引き下げられました。

5 自由民権運動と大日本帝国憲法

➡ 本冊 79ページ

❶ (1) 民撰議院設立の建白書　(2) エ

(3) 伊藤博文　(4) 大日本帝国憲法

(5) X 15　Y 25

解説

(3) **伊藤博文**は，**大日本帝国憲法**の草案づくりの中心となり，初代内閣総理大臣になりました。

(4) **大日本帝国憲法**では，主権が天皇にあり，天皇が国を統治し，天皇が軍隊の指揮権をもっていました。国民の権利は法律によって制限できるとされていました。

(5) 第1回衆議院議員選挙(1890年)で選挙資格をもっていたのは，直接国税を15円以上納める満25歳以上の男子でした。つまり，ごく限られた人しか選挙権をもっておらず，全人口の約1%の人しか投票できませんでした。

6 日清戦争と条約改正

➡ 本冊 81ページ

❶ (1) 日清戦争　(2) イ

(3) 遼東半島

解説

(2) **下関条約**で，日本は朝鮮の独立を清に認めさせたほか，遼東半島や台湾などの領土や，賠償金を獲得しました。

❷ a エ　b ア

解説

イギリス船のノルマントン号が沈没(1886年)し，日本人乗客が全員死亡しましたが，イギリスに**領事裁判権**があるためイギリス人船長を日本の法律で裁くことができませんでした。これをきっかけに**領事裁判権の撤廃**を求める動きが活発化しました。

7 日露戦争と東アジアの動き

➡ 本冊 83ページ

❶ (1) ① X 義和団　Y 日本

②ア

(2) 日露戦争

解説

(1) 中国で**義和団事件**が起こり，日本やロシアなど 8 か国が出兵しました。鎮圧後もロシアが満州に駐留し，日本とイギリスはロシアの南下政策に危機感をもち，**日英同盟**を結びました。

(2) 満州・韓国の支配権をめぐってはじまった**日露戦争**は，1905年にアメリカの仲立ちで**ポーツマス条約**が結ばれて講和しました。

❷ (1)伊藤博文　(2)孫文

解説

(1) 伊藤博文が初代韓国統監になった後，1910年に日本が韓国を併合して韓国を植民地化し，朝鮮総督府を置きました。

(2) **孫文**は，帝国主義諸国の中国進出に対して民族の独立と近代国家建設をめざし，三民主義をとなえて**辛亥革命**を起こし，**中華民国**を建国しました。

8 日本の産業革命と文化の発展

➡ 本冊 85ページ

❶ (1) a 軽　b 重　(2) 八幡製鉄所

解説

(2) 八幡製鉄所は，日清戦争の賠償金の一部を使ってつくられました。

❷ (1) ①樋口一葉　②夏目漱石

(2) フェノロサ

解説

(2) アメリカ人の**フェノロサ**は日本美術を高く評価し，**岡倉天心**とともに日本画を復興しました。

おさらい問題

➡ 本冊 86・87ページ

❶ (1) ①ウ　②エ　③ア

解説

イギリスでは国王が勝手な政治をしていたために，反発した人々によって名誉革命がおこり，権利章典が発表されました。これにより，世界初の立憲君主制による議会政治がはじまりました。

❷ a 清　b アヘン戦争　c 南京

解説

アヘン戦争は1840年，中国〔清〕とイギリスの間で起こった戦争です。イギリスが勝利し，南京条約が結ばれた結果，清は5港を開港させられ，香港がイギリスに割譲されました。

❸ (1) 日米和親条約　(2) ア
(3) 殖産興業　(4) イ

解説

(1) 1854年，江戸幕府はアメリカの使節ペリーとの間に日米和親条約を結びました。下田と函館の2港を開き，アメリカ船に食料や水，船の燃料となる石炭などを供給することを認めました。これにより，200年以上続いた江戸幕府の鎖国政策は終わりました。

(2) アの解放令は，江戸時代の身分制度をなくすために，えた・ひにんなどの呼び名を廃止し，身分や職業も平民と同じにするための布告です。

明治維新の三大改革は，人材を育成するために国民に教育を受けさせる学制，軍隊を強化するために満20歳以上の男子に兵役の義務を課す徴兵令，財政の安定をはかるために税をそれまでの米から地価（土地の価格）の3%の現金とする地租改正の3つの改革のことをいいます。

(3) 経済の発展をはかるための殖産興業は，新政府の重要な政策として，富国強兵と合わせてしっかり覚えましょう。

(4) 現在の日本国憲法が国民主権を定めているのに対し，大日本帝国憲法では，天皇が日本の元首として国を統治すると規定されており，天皇主権を定めています。アの絶対王政は，国王が絶対的な権力をもって行う政治の形で，17世紀後半のフランスなどで行われたものです。

❹ a 下関条約　b 日英同盟
c ポーツマス条約

解説

b 日本とイギリスは，東アジアでのロシアに対する利害が一致し，同盟を結びました。

c 日露戦争は，日本が優勢に戦いを進めましたが，日本・ロシアとも戦争継続が困難になり，アメリカ大統領の仲介によりアメリカのポーツマスで講和会議が開かれました。

ポーツマス条約では，韓国における日本の優越権，旅順・大連の租借権，南満州の鉄道利権，北緯50度以南の樺太（サハリン）の日本への割譲などが取り決められました。賠償金を得られなかったことが，日清戦争の講和条約である下関条約とは異なる点です。

5章 二度の世界大戦と日本

1 第一次世界大戦

➡ 本冊 89ページ

❶ (1) 三国同盟　(2) ①ウ　②ア

(3) 日英同盟

解説

(1) 三国協商はイギリス，フランス，ロシアの3か国，三国同盟はドイツ，オーストリア，イタリアの3か国の協力関係です。第一次世界大戦では三国協商の国々が中心となり連合国を，三国同盟の国々が中心となり同盟国を形成し，戦いました。ただし，イタリアは1915年に連合国側で参戦しました。

(2) ①ロシア革命は第一次世界大戦中の1917年に起き，レーニンが世界で初めての社会主義政府を打ち立てました。

2 大正デモクラシー

➡ 本冊 91ページ

❶ (1) 大正デモクラシー　(2) ア

(3) ①エ　②治安維持法

解説

(2) **ア**の説明は，第一次護憲運動で退陣に追い込まれた桂太郎内閣などがあてはまります。

(3) 第二次護憲運動で加藤高明内閣が成立し，普通選挙法（1925年）を制定しました。これまでは納税額に一定の条件がありましたが，満25歳以上のすべての男子に選挙権が与えられました。また，普通選挙法とほぼ同時に治安維持法を制定し，普通選挙法によって社会主義などが民衆に広がるのを防ごうとしました。

3 世界恐慌

➡ 本冊 93ページ

❶ (1) ①ルーズベルト　② B イ　C ウ

(2) ファシズム　(3) ウ

解説

(1) アメリカ大統領のルーズベルトは，世界恐慌に対して公共事業などを積極的に行い失業者を救済するなどのニューディール政策を行いました。イギリスやフランスは，本国と植民地との間に外国の安い製品が入らないようにしめ出すブロック経済をとりました。

(3) 世界恐慌の影響を受けた日本では，生活に苦しむ人たちがしばしば労働争議や小作争議を起こしました。日本経済に大きな影響力をもつ財閥と，財閥と結びついた政党に対する不信感が高まり，不景気打開のため，資源が豊かな国外への進出をはかろうとする動きが強まりました。

4 軍部の台頭と日中戦争

➡ 本冊 95ページ

❶ (1) a 満州事変　b 満州国
d 国際連盟

(2) c エ　e ア　(3) 日中戦争

解説

(1) **d**国際連盟は**満州国**を認めず，日本軍の占領地からの撤兵を求めたため，日本はこれを不服とし，国際連盟を脱退しました。日本は国際社会から孤立することになりました。

(2) 1932年５月15日に，**満州国**の建国に反対した犬養毅首相が海軍将校らに暗殺されたのは，**エ**の五・一五事件です。1936年２月26日に，陸軍将校らが大臣らを殺傷した事件は**ア**の二・二六事件です。二・二六事件後，軍部の発言力が強くなり軍国主義が台頭しました。**イ**の生麦事件は，幕末期に薩摩藩士がイギリス人を殺傷した事件，**ウ**の義和団事件は，中国〔清〕の宗教団体義和団が列強の中国分割に反発し，外国人を追い払おうとした事件です。

5 第二次世界大戦と太平洋戦争

➡ 本冊 97ページ

❶ (1) a 第二次世界大戦
b 日独伊三国同盟
c 真珠湾　d 太平洋戦争

(2) ア

(3) A 長崎　B 原子爆弾〔原爆〕

(4) ポツダム宣言

解説

(1) **a** 1939年，ドイツがポーランドに侵攻すると，イギリス，フランスがドイツに宣戦布告し，第二次世界大戦がはじまりました。
b 翌1940年，イタリアがドイツ側に立って参戦し，日本，ドイツ，イタリアの**日独伊三国同盟**が結ばれました。

(2) **イ**のドイツがソ連に侵攻したのは第二次世界大戦がはじまった2年後の1941年，**ウ**の日本のインドシナ進出は南進政策により1940〜41年に行われたもので，太平洋戦争がはじまる前のできごとです。

おさらい問題

➡ 本冊 98・99ページ

❶ (1) ヨーロッパの火薬庫

(2) 第一次世界大戦　(3) ウ

解説

(2) 第一次世界大戦は三国同盟国を中心とする同盟国と三国協商国を中心とする連合国とに分かれて戦われました。

(3) ドイツの降伏により**パリ講和会議**が開かれ，ベルサイユ条約が結ばれました。**ア**のポーツマス条約は日露戦争の，**イ**の南京条約はアヘン戦争の講和条約です。

❷ (1) a 護憲運動　b 大正デモクラシー

(2) 原敬

解説

(1) 大正時代には民主主義の実現を求める動きが高まり，大正デモクラシーと呼ばれました。第一次護憲運動では旧薩摩藩や旧長州藩出身者の政治体制である藩閥内閣を倒すことに成功しました。

(2) 原敬が組閣した内閣は，陸軍・海軍・外務大臣以外はすべて立憲政友会の党員だったため，日本初の本格的政党内閣となりました。政党政治を行った原は「平民宰相」と呼ばれました。

❸ A アメリカ　B 世界恐慌
C 犬養毅　D 日中戦争

解説

A・B 1929年，アメリカのニューヨーク株式市場で株価が大暴落し，アメリカは深刻な不況におちいりました。第一次世界大戦後，アメリカは世界経済の中心地となっていたため，アメリカの恐慌は世界に広がり，世界恐慌となりました。

C 五・一五事件で暗殺されたのは犬養毅です。二・二六事件では，陸軍青年将校らが首相官邸や警視庁などをおそいました。事件後，軍の発言力が大きくなり政治に影響するようになりました。

D 1937年にはじまり，長期化した戦争は日中戦争です。日中戦争は太平洋戦争で日本が降伏するまで続きました。

❹ (1) ヒトラー　(2) 日独伊三国同盟

(3) 太平洋戦争

解説

(1) ヒトラーはナチスを率いてドイツの実権を握りました。

(2) ヒトラーはドイツの軍備を強化し，第二次世界大戦を引き起こしました。1940年には日本，イタリアと**日独伊三国同盟**を結びました。

(3) 日本はアメリカを中心とする国々から石油の輸出禁止などの経済封鎖を受けたため，苦境を打開しようとハワイの真珠湾を攻撃し，太平洋戦争に突入しました。

6章
現代の日本と世界

1 戦後日本の民主化

➡ 本冊 101ページ

❶ (1) イ　(2) ア　(3) イ

(4) 日本国憲法

解説

(1) マッカーサーを最高司令官とするGHQの占領統治下で，財閥解体や農地改革などのさまざまな民主化が行われました。財閥はそれまで日本の産業や経済を支えていましたが，経済を独占して軍国主義も支えていたとして，GHQによって解体されました。
アの政党の活動や言論の自由は認められ，**ウ**の戦争の指導者や協力者は公共の仕事から追放されました。

(4) **大日本帝国憲法**は天皇が制定した欽定憲法。天皇主権で天皇が軍も率いる。国民の人権は法律の範囲内で認められていました。日本国憲法は国民が制定した民定憲法で，国民主権。戦争を放棄し，基本的人権の尊重が明記されています。

2 戦後の世界の動きと日本

➡ 本冊 103ページ

❶ (1) 国際連合〔国連〕

(2) 冷たい戦争〔冷戦〕

(3) 中華人民共和国

解説

(1)(2) 第二次世界大戦の反省から，国際協調をめざす組織として国際連合が発足しましたが，アメリカとソ連を中心とする資本主義諸国と社会主義諸国との対立が起こり，直接戦火を交えない「冷たい戦争〔冷戦〕」の状態になりました。

(3) 毛沢東が率いる中国共産党が内戦に勝利し**中華人民共和国**を建国しました。

❷ (1) サンフランシスコ平和条約

(2) 日米安全保障条約

解説

(1) 日本はサンフランシスコ平和条約を結び独立をはたしました。1933年に国際連盟を脱退後，日本は国際的な孤立を深めていましたが，国際社会に復帰しました。

(2) 東西対立が激化する国際情勢のなか，日本はアメリカと日米安全保障条約を結び，西側諸国の一員となりました。

3 高度経済成長と諸外国との関係

➡ 本冊 105ページ

❶ (1) 高度経済成長

(2) 石油危機〔オイルショック〕

解説

(1) 1950年代半ばから約20年間，高度経済成長と呼ばれる経済成長が続き，日本のGNPは資本主義国中で第2位に躍進しました。

(2) 第四次中東戦争がきっかけとなって石油の価格が上がる石油危機が起こり，日本の景気も落ち込み，高度経済成長は終わりました。

❷ (1) イ　(2) イ

解説

(1) **イ**の沖縄が1972年にアメリカから日本に返還されました。**ウ**の小笠原諸島がアメリカから返還されたのは，1968年のできごとです。**ア**の北方領土は，ロシア（旧ソ連）との間で帰属をめぐり係争中の場所です。

(2) 日本と中国は，1972年に調印した**日中共同声明**で国交を正常化し，1978年の日中平和友好条約によってその関係を強化しました。**ア**の下関条約は，中国〔清〕との間に起きた日清戦争の講和条約です。

4 冷戦の終結とこれからの世界

➡ 本冊 107ページ

❶ (1) イ　(2) ウ

(3) ソ連〔ソビエト連邦〕

解説

(1) ソ連や中国が北ベトナムを支援し，アメリカが南ベトナムを支援しました。

(2) 東ドイツの領内にあったベルリンは，西ベルリンと東ベルリンに分かれ，西ベルリンを取り囲むように壁が築かれていました。**ベルリンの壁**がこわされると市民の行き来が自由になり，統一の動きが加速しました。

❷ (1) EU　(2) 南北問題

解説

(2) 先進工業国はアメリカやヨーロッパ，日本など北側に多く，発展途上国はアフリカやラテンアメリカなど南側に多いことから，両者の経済格差は南北問題と呼ばれています。

おさらい問題

➡ 本冊 108・109ページ

❶ (1) a ア　b エ　(2) 平和主義

解説

(1) 日本は太平洋戦争に敗れた後，マッカーサーを最高司令官とするGHQの統治下におかれ，非軍事化と民主化が進められました。**イ**のEUは，ヨーロッパの政治的・経済的統合をめざすヨーロッパ連合の略称，**ウ**のルーズベルトは，第二次世界大戦・太平洋戦争が始まったときのアメリカ大統領です。

(2) 日本国憲法の三原則とは，**国民主権**，**基本的人権の尊重**，**平和主義**の３つです。日本国憲法では，戦争放棄を条文で定め，**平和主義**を掲げています。

❷ (1) 西側…アメリカ合衆国
東側…ソ連

(2) ドイツ

解説

(1) 第二次世界大戦後，ソ連が東ヨーロッパ諸国を支配したのに対して，アメリカは西ヨーロッパ諸国を支援し，東西対立が起こりました。

(2) 第二次世界大戦の敗戦国ドイツは，東西対立の影響で東西ドイツに分かれて独立しました。

❸ (1) A イ　B エ

(2) C 国際連合〔国連〕
D 高度経済成長

(3) 日韓基本条約　(4) ベルリンの壁

解説

(1) **A**朝鮮戦争が起こると，日本はアメリカ軍から大量の物資の注文を受けたため，好景気となりました。この好景気を**特需景気**といいます。**ア**のバブル景気は，1980年代後半の好景気です。

Bサンフランシスコ平和条約調印と同時に日米安全保障条約を結び，日本はアメリカと同盟関係となりました。**ウ**の日英同盟は，日露戦争前に結ばれた同盟です。

(2) **C**日ソ共同宣言の調印により，日本はソ連と国交を回復しました。関係改善を受けてソ連が日本の国連加盟を支持したため，加盟が実現しました。

Dエネルギーの多くを石油にたよっていた日本経済は，石油危機により大きな影響を受けました。物価が急上昇するなどの混乱が広がり，高度経済成長が終わりました。

(3) 日本は**日韓基本条約**を結び，大韓民国〔韓国〕を朝鮮半島の唯一の合法的な政府と承認しました。

(4) **ベルリンの壁**は，市民が行き来できないように西ベルリンを取り囲んでおり，冷戦の象徴となっていました。**ベルリンの壁**が取りこわされたことがきっかけとなり，東西ドイツが統一されました。

MEMO

MEMO

MEMO

M E M O